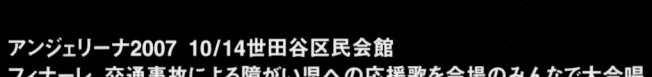

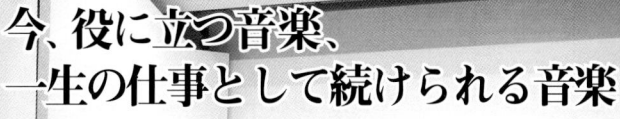

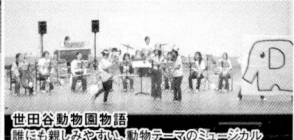

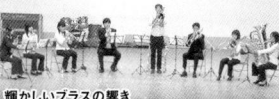

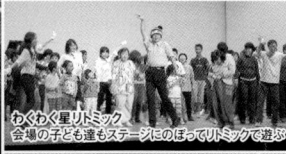

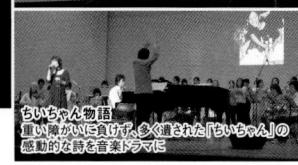

音楽療法教員

准教授
二俣　泉

特任准教授
馬場　存

専任講師
平田　紀子

講師
柳田　敦子

東邦ウィーンアカデミー教授陣

ウィーン国立音楽大学教授
Gertraud Berka-Schmid
ゲルトラウド・ベルカ・シュミッド

ウィーン交通事故病院 音楽療法所責任者
Gerhard Tucek
ゲルハルト・トゥセック

サルト・ボカーレ合唱団発声講師
Rita Krahwinkler
リタ・クラヴィンクラー

ウィーン国立音楽大学教授
Angelika Teichmann
アンジェリカ・タイヒマン

ウィーン国立音楽大学講師
Günther Bartl
ギュンター・バルトル

学校法人 三室戸学園

川越キャンパス

〒350-0015 埼玉県川越市今泉84
東邦音楽大学 TEL.049(235)2157

音楽学部 音楽学科
○ピアノ ○声楽 ○管弦打楽器 ○作曲 ○音楽療法

Wien, AUSTRIA

◇東邦ウィーンアカデミー

【お問い合わせ】事務本部
Tel.03-3946-9667

最新情報 入試情報はこちらから
http://www.toho-music.ac.jp

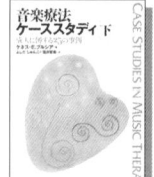

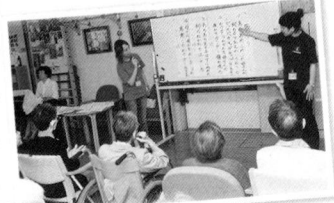

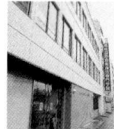

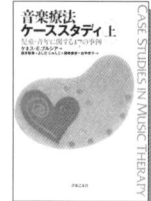

音楽療法・レッスン・授業のための
セッションネタ帳

職人たちのおくりもの

ネタ帳《セッション》

職人たちのおくりもの

CONTENTS

人と人との関わりを紡ぐ、職人達の工夫のひとつひとつ。
ここに在るのは、そんなかけがえのない「ネタ」たちです。
目の前のクライエントと向き合い、
もっと楽しくなるには？　もっと通じ合うには？　と、
考え、悩み抜いた末に生まれてきたものなのです。
すでにあるアイデアの応用も並んでいます。
「誰が最初に考えたのか」ではなく、
「それをどう使うか」に力点はあるのです。
ネタの生まれた過程にイメージを膨らませながら、
眺め、読み、そして楽しんでください。

都築裕治

下川英子

り

365歩のマーチ

作詞　星野哲郎
作曲　米山正夫

田中美歌

根岸由香

命くれない

作詞　吉岡　治
作曲　北原じゅん

あるの

イラスト　平田紀子

制作　平田紀子　智田邦徳
作画　智田邦徳
実写版　平田紀子
実写版撮影　苑木昡

り

二俣　泉

よしだじゅんこ

企画・編集
芹澤一美

装幀・デザイン
色えんぴつ　光本淳

楽譜浄書
有限会社　スタイルノート
http://www.stylenote.co.jp/

うまれる

かいは

発想の生まれる時

都築裕治

ここに紹介するネタの本当の面白さは、現場の中で実際に使っているところを見ていただくのが一番でしょう。ネタは、実際にはそれらが相互に組み合わされ、形を変えながら展開されています。そんな現場風景を想像しながらお読みください。

「(ネタは)どこで発想するの?」とよく聞かれますが、それはもちろん現場の中で、そして活動中にです。私は主として障害児への療育的セッションをしていますが、その関わりの中でということです。

「なぜ発想するの?」への答えは、生み出すこと自体の面白さと、新たな工夫がセッションを先に進めてくれるということからです。工夫したいろいろな『仕掛け』が、自分の力の足りない部分を補ってもくれます。

ところで、言うまでもないことですが、ネタをやることがセッションではありません。ネタはセッションに生かすものです。何かのネタをやらせようなどということではなく、子どもにそって柔軟な姿勢でいると、その場で新たな活動が生まれてきます。

また、セッションは単にネタを持ってくればうまくいく、というものではなく、使い方次第です。それは、『息』や『間合い』といった言葉で表されるような性格のものでしょう。古典落語では、同じ噺(ネタ)でも演者の解釈、息、間合いによってまるっきり異なったものになってしまいますが、このように一種『芸』にも通ずるものです。ネタ使いの中にその人の息づかいが反映されています。

さて、一つひとつの活動や工夫はオーダーメイドのものです。あるクライエントのために、ある場面で必要と

よ〜

あわせは

なって作ったものですから、「その時、その場で、たった一回限りで……」、というものも多いのです。「作ってはすてる」の心でやっています。

　しかし、時にそれを他のクライエントに使ってみると、これまたうまくいく、ということもあります。クライエントに応じた工夫をしていくと、案外いろいろな場面で使えそうだということになります。こうしてその『もの』に汎用性が生まれ、ネタとなっていきます。中には、十年経っても、二十年経っても、子どもから高齢者まで、さまざまな状況の中で役立ってくれているものもあります。例えば、スズ輪や大ピック、ポール等です。

　スズ輪からは、「アイネ・クライネ・ナハトムジーク」「軍隊行進曲」「クシコスポスト」「ソーラン節」等の曲にのせた活動が生まれ、今に残っています。

東京理科大学物理学科卒業。国立秩父学園付属保護指導職員養成所卒業。11年間の東京都福祉局勤務を経て、1983年にMGW（ミュージカル・グループ・ワーク）研究所を設立。障害児・者に対する音楽活動を取り入れた療育・余暇活動を行う他、現場感覚に基づく講演活動を各地で続ける。障害幼児の療育に対する実践研究にて、ほほえみ基金より第4回「ほほえみ奨励賞」受賞。MGW研究所所長。日本音楽療法学会認定音楽療法士。同学会東海支部長、評議員。金城学院大学、愛知県立芸術大学非常勤講師

TUZUKI Yuji

これらの活動は、その曲を飽きるほど何度も聴き込み、曲と動きのイメージとを作り上げていきました。根気よくこの作業を行っていると、同じスズ輪を鳴らすのでも、フレーズに応じてギッチラコと前後に動かしたり、上下に揺すったりと、いろいろな動きが見えてきます。

　さて、連想もネタづくりに欠かせません。一つのことをやっているうちに、いろいろと連想が働いてきます。あるネタからキーワードが浮かび、それを手がかりにして新たなものが生まれてきます。例えば、目と気を引くために「吊ってみよう」と思い立ち、そこから『吊りふうせん→吊りダイコ→吊りポールベル』となりました。その次には、「○○も吊ってみたら？」となります。「○○」にいろんなものを当てはめるのです……。

うまれる

せ

スズ輪でオーケストラ

形 人のつながりは場の形に現れる

三六〇センチのカラーロープ（四色）に三十センチ間隔でスズを付けたもの。スズは凧糸でロープに縫いつけ、ボンドでしっかりと固めてあります。このスズ輪を皆でつかんで、丸く座って鳴らしたり、立ってグルグルと回ったりします。

両端にジョイントを付けてあり、参加人数に応じて長さを変えられます。ある養護学校では二十本もつないで運動会の時に全員で鳴らしたそうです。

人と人とのつながりは場の形に現れます。互いをよく知らない人の集まりでは、一堂に会していても皆の気持ちの向きがバラバラ。でもスズ輪が登場するとそれをつかむだけで自然と皆の顔が向き合い、活動を通して気持ちも向き合ってきます。『みんなの中で』から『みんなと共に』への変化です。

このスズ輪は使い方次第でいろんな音楽にとけ込むことができます。実際、さまざまな場面で対象者に応じて、童謡、ロック、クラシック、即興音楽など、いろいろ行ってきました。

たとえば「アイネ・クライネ・ナハトムジーク」第一楽章に合わせて振り鳴らす時、単なる拍鳴らしではなく、テープから流れるオーケストラの音に、もう一つのパートとして加わっているような臨場感を込めて行います。

この活動に、手・腕の機能訓練の意味等を込めることもできますが、それだけではなく『音楽文化の共有』ということも大きな意義として頭においています。通常なら入り込むことなど決してできないオーケストラの演奏に、その一員として入ってしまうのですから。指揮者（セラピスト）は、テープを使った生演奏と考えて欲しいものです。もちろん子どものための『生』です。

イラスト
MGW研究所スタッフ

だぁ～

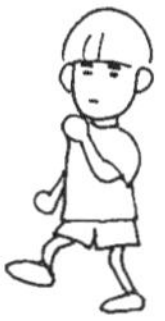

ある

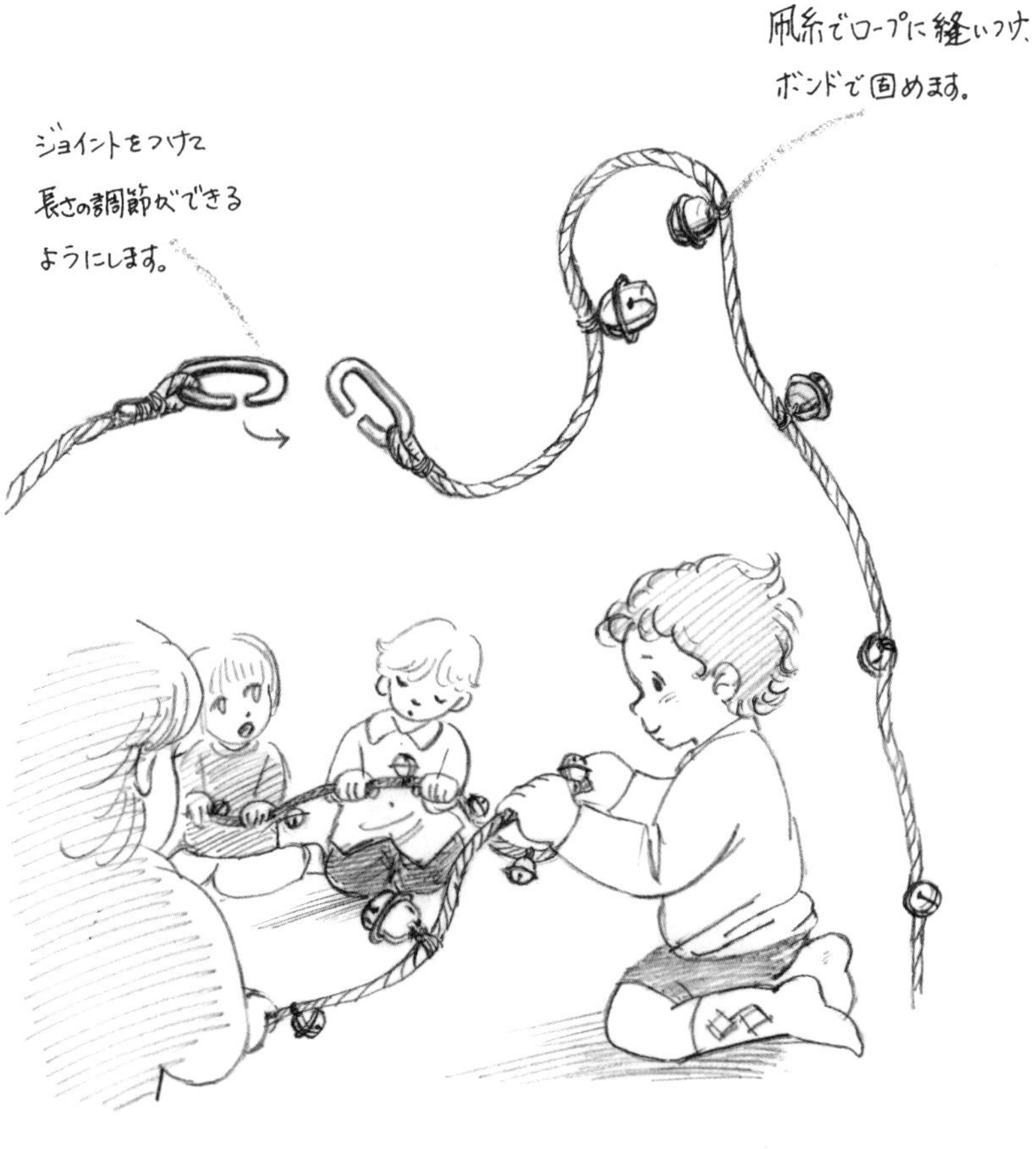
凧糸でロープに縫いつけ、
ボンドで固めます。
ジョイントをつけて
長さの調節ができる
ようにします。

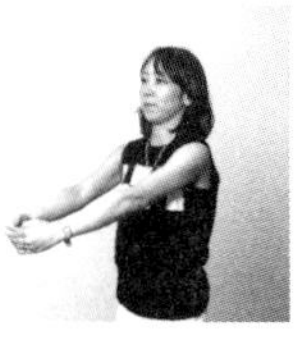

うまれる

12

ため

秘めている力を誘い出す

子ども一人ではできないということがたくさんあります。でも秘めている力も多々あり、うまく援助すると思わぬ力を発揮してくれます。そこで『二人羽織技法＊』と名付けた、援助のためのいろいろな技法を考えてみました。

たとえばリコーダーの場合。子どもの口元にリコーダーを当て、セラピストが穴の操作をしてあげるというものです。

こんなケースがありました。ピアノ等でなじみの曲が始まると「べェ、ベッベェー……」といつも大声をあげていた自閉症の小学生。言葉がなく、また笛を吹くということもできなかったこの子に、呼吸の間合いに合わせては歌口を口に当て、笛の音が出るようにはかるなど、一定の段階を追った働きかけを工夫していったところ、何とか笛の音が出るようになりました。

二人羽織技法　リコーダー　その1

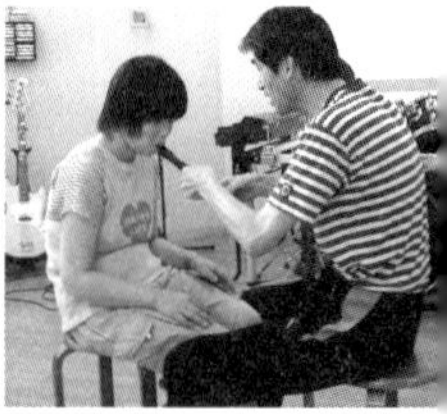

そこで、この子のなじみの曲で、この『二人羽織技法』を行ったところ、リコーダーからの音が曲として聞こえてきました。奇声のようなあの「べェ、ベッベェー……」は紛れもなくこの子にとっての歌声だったのです。内に秘めていた歌声がリコーダーからのメロディとなって流れてきた時、この子には満面の笑顔が浮かんでいました。私も顔がほころびます。

この技法のコツは、はじめのうちはチョンチョンと子どもの口にリコーダーを出し入れし、一音ずつ吹くことを誘い出してあげることです。またピアノ伴奏もその音出しの様子に合わせて、せかさないようにタイミングよく弾いていきます。子どもとセラピストと伴奏者との間合いがとても重要です。

（＊注　『二人羽織』とは、ある操作を二人で行うこと。寄席芸での言葉）

かた

いて

13 ネタ帳□都築裕治

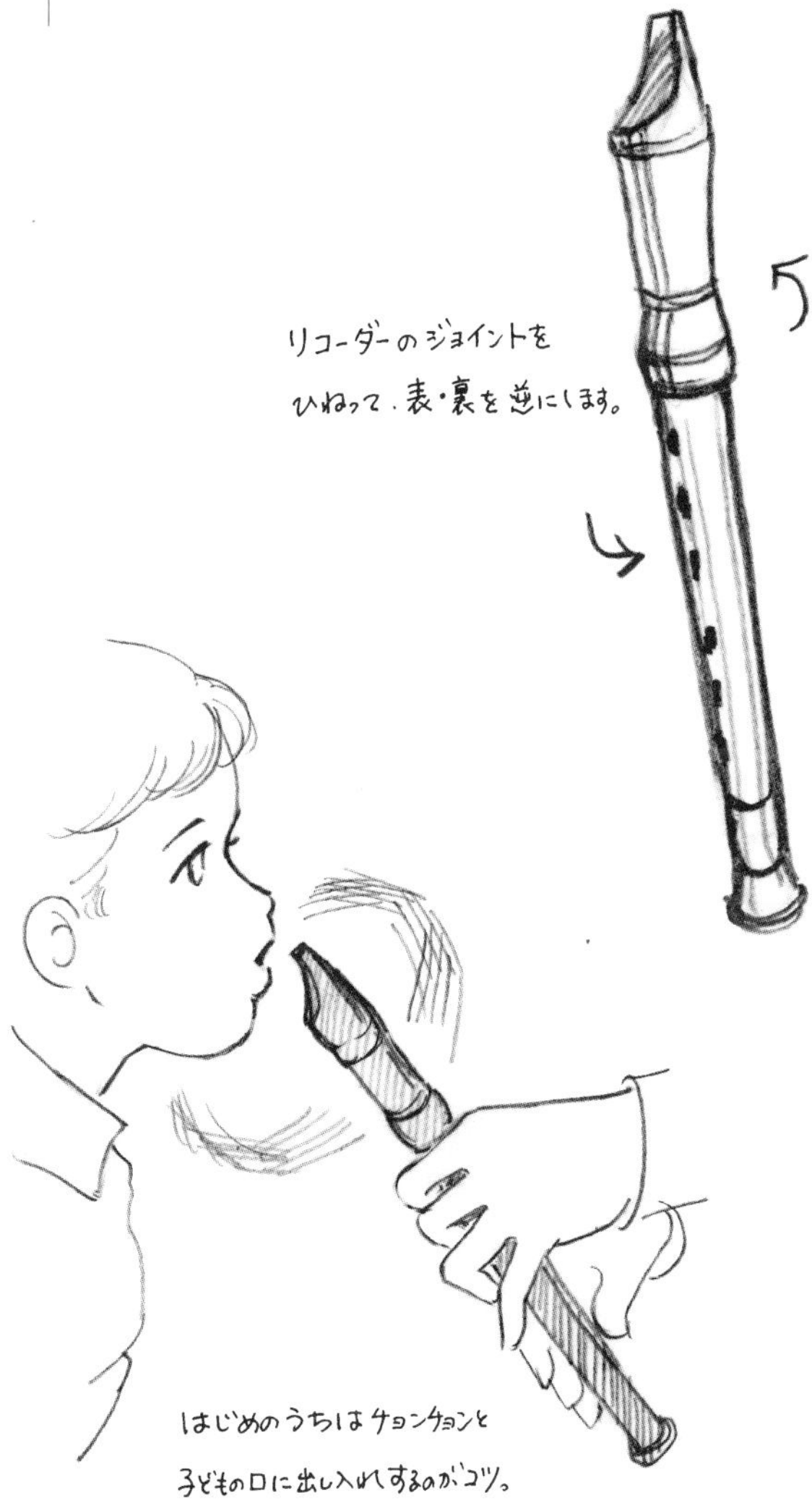
リコーダーのジョイントを
ひねって、表・裏を逆にします。
はじめのうちはチョンチョンと
子どもの口に出し入れするのがコツ。

うまれる

穴ふさぎ笛　リコーダー　その2

あらかじめ、いくつかの穴を粘着テープでふさいでおき、吹くことに集中できるよう指の負担を軽くしておくというやり方もあります。

たとえば、上部の穴（左手部分）をふさぎます。すると、左手を気にすることなく右手指でドからソまでの音を出すことができます。全ての穴を自分で操作するのは難しくても、片手だけなら少し楽になります。さぁ、ドからソまでの曲を探したり作ったりしてあげましょう。

これをもう少しやさしくしてみます。右手の人差し指と中指の操作だけで、ミ・ファ・ソの音が出せます。これで「ロンドン橋」の♪落っこちた♪の所を吹いてもらいます。子どもにとって、メロディーの一部でも自分自身で吹けることは感激です。

もっと、もっと、シンプルにしてみましょう。ある穴だけを残して塞ぎ、特定の音のみが出る笛にしてみます。そうするとトーンチャイムのような単音楽器として使うことができます。何人か並んで、順に吹いていてもいいでしょう。

ある障害児学級の先生に、「リコーダーだけは、この子たちが扱うのはムリだと思っていた。でもこれは目からウロコ、すごい発想の転換。これならうちの子たちにも……」と、二人羽織技法や穴ふさぎ笛に感心していただいたことが思い出されます。このように言われると、こちらも元気が出てきます。

リコーダーのこれらの活動には、子どもに応じたさまざまな段階があり、それに即した展開の仕方があります。それらの詳細はまたの機会に書きたいと思います。

こない

15 ネタ帳□都築裕治

うまれる

16

あるの

巨 手のひらサイズの大ピック

通常のピックでは小さくてストロークはおろか持つことも上手くできないという子どものために、イラストのような形の違う二つの大ピックを考えてみました。手・腕の操作状態に合わせて、『棒状の大ピック』と『平たい大ピック』とを使い分けます。

☆スティックでタイコを叩く時、初期段階では、手首がうまく使えず、腕に対してスティックを直角に握り込んでしまうため、動きもぎこちなくなっています。そんな状態の場合には『棒状の大ピック』を使います。

☆手先と腕とスティックとが一直線になるような形で持っている子どもには、『平たい大ピック』を使って、手首の返しを促します。

さて、この大ピックで何とかピックを持っていることはできても、ストロークの動きはなかなか難しいもの。

大ピック　2種類

そこで、ピックの位置に合わせてギターの方を上下に動かしたり、曲の拍に合わせて子どもの胸元にギターを差し出したりして、ストロークを援助します。

棒状大ピック使用の子どもの場合には、ギターを出す位置や角度もその時々の子どもの手の位置に応じて、刻々と変えてあげることになります。

チョンと出した手元からギターのポロロンという音が出てくるのは嬉しいもの。ましてや曲になっていくのはなおさらです。ここでは大ピックという『道具の工夫』と、ギターの方を動かしてあげるという『二人羽織技法』が効を奏しています。

この大ピックはギター、オートハープ、ベース等、いろいろな弦楽器に使えます。

アン

だ

17 ネタ帳□都築裕治

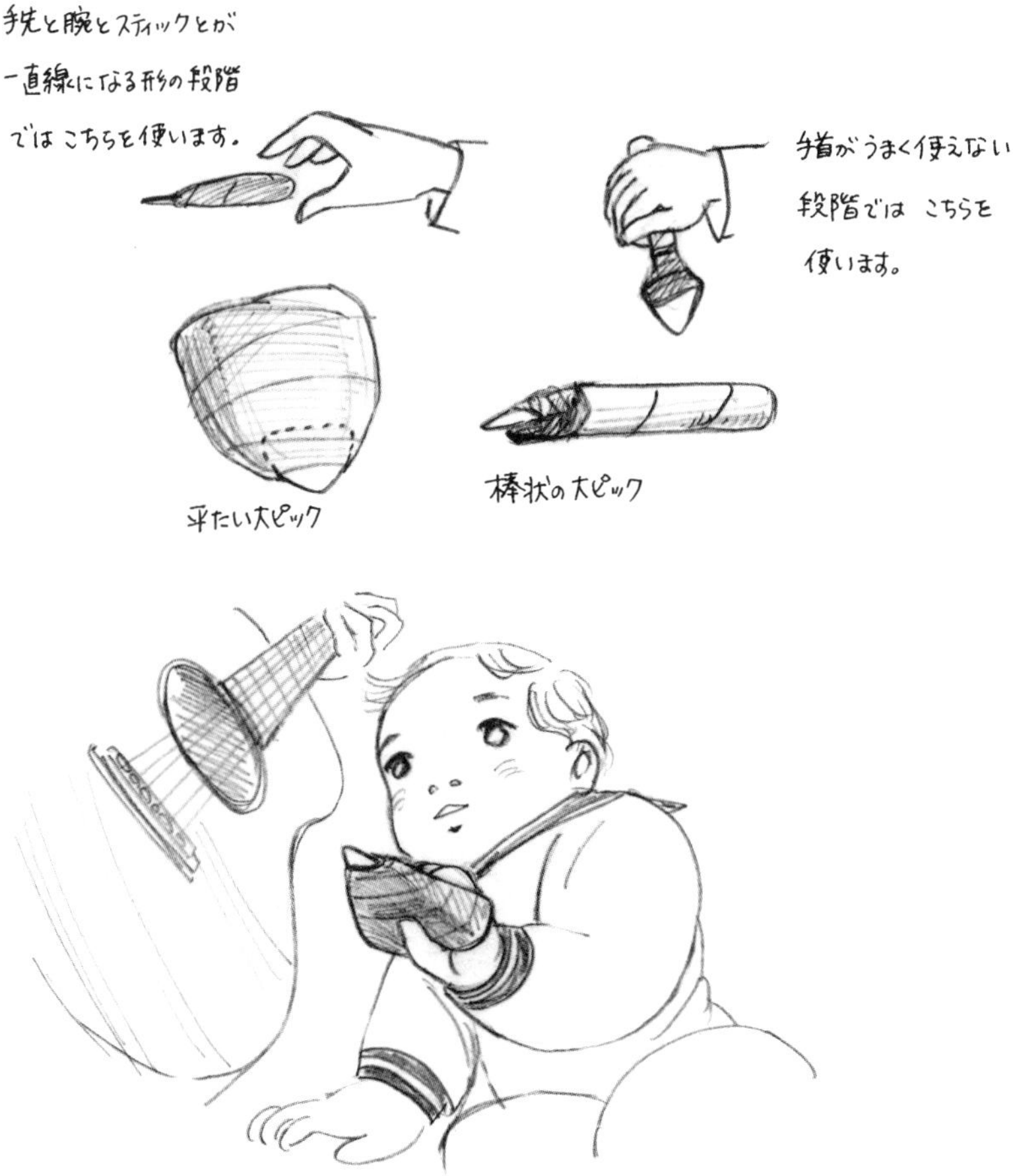

手先と腕とスティックとが
一直線になる形の段階
では こちらを使います。
手首がうまく使えない
段階では こちらを
使います。
平たい大ピック
棒状の大ピック

まえから

かいは

魅惑のステータス

エレキベース

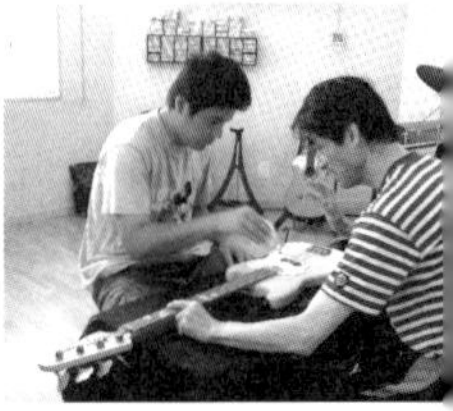

ベースという楽器はズシンと重く、手に取るとかなりの手応えがあります。この楽器を担当することは、子どもにとってかなりのステータスが感じられるもののようです。

ということで、この楽器を子どもでも使えるものにしてみましょう。基本の仕掛けは三つです。

☆まず、第一弦を粘着テープで胴に止め、これは使えないようにします（使用弦の制限）。次に、第三フレットにカポタスト（ギター用）をはめます。そうすると四、三、二弦がそれぞれソ・ド・ファとなります。これはハ長調・ハ短調の3コードのルートですから、たくさんの曲に生かせます。またカポタストの位置を変えればいろいろな調子に対応できます（開放弦の利用による、フレット押さえの省略）。その上で、この弦に四弦から順に青・赤・緑と色を付けておき、弾く音を色で順に表した楽譜（『色スコア』）を作ってあげます。楽譜の色と弦の色とを合わせて弾けば、立派にベーシストを果たすことができます。

☆もう一つ、メロディ奏の技があります。二、三、四弦を粘着テープでとめ一弦だけしか鳴らないようにし、ベースをテーブルに横たえます。子どもは大ピックでピッキングをし、セラピストはフレットを押さえて音をとっていきます。これは二人でメロディを出す『二人羽織技法』です。軽く弾いただけでも、アンプからメロディがしっかりした音で流れて来るのは、とても興味深いようです。はじめのうちはタイミングの合わないピッキングも、だんだん節回しにそったものになってきます。

アアンアアンアン

から

第1弦を粘着テープで
胴に止めます。
色スコアを作ることで
ベーシストの役割を
果たすことができます。

まえから

せ

ウクレレとギター

☆ウクレレ

　四本の弦をドとソのまぜこぜになるように調弦しておきます。こうすれば、左手の人差し指一本で四本の弦を横一文字にまとめて押さえ、その位置をスライドさせるだけで、各種のコードに対応できます。オープンの他、あと二カ所に印を付けておけば難しい指使いをすることなく、3コードがすぐに出せます。最近四弦のこのような楽器ができましたが、小振りなウクレレを活用してみるのもいいものです。早速これで伴奏をしてみませんか。

☆ギター

　右記のウクレレのようにしてもいいのですが、ギターでは慣れないと左手の人差し指一本で六本の弦をまとめて押さえるのは難しいもの。そこで各弦のチューニングを工夫することでこれを解決してみます。たとえば、ピアノの黒鍵のいくつかの音に合わせておけば（ペンタトニック）、これで「こきりこ節」の歌にのせることができます。また、各弦をラかミのどちらかにして組み合わせておけば、かなりのわらべ唄に対応することができます。他にも、沖縄音階などの音を拾ってきて各弦に合わせておけば、ポロポロと開放弦をかき鳴らすだけでも、それなりの雰囲気を持った演奏となります。

　大ピックのところで紹介したように、大ピックとギター提示の仕方の工夫で、子どもにもまとまった音が出せます。そこにピアノの即興演奏や、簡単な小楽器のリズムで合いの手を入れるのも一興で、そのように参加メンバーでやっていると「音の仲間」となってきます。どこか気持ちが通じてくるものです。

アアン

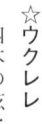

ある

21 ネタ帳□都築裕治

チューニングを工夫すると
開放弦をかき鳴らすだけで
雰囲気のある演奏ができます。

まえから

22

ため

ポール

長さ四五センチ、内径一・五センチの塩ビの水道管。割れると危ないので周囲に粘着テープを貼り、強度を増してあります。

　ポールを両手で持つと腕の動きが制限されますが、それにより逆に一定の意図的な動きを引き出しやすくなります。このことを利用して……。

☆「にぎってひらいて」

　子どもとセラピストとが向き合い、♪にぎってひらいて♪と歌に合わせて、互いにポールを『握る─離す─手を合わせる』という手遊びです。ポール無しでは上手く手の開閉をしてくれない子どもも、ポールを使うことでそれが自然に促されます。子どもとセラピストとが向き合い、やりとりを楽しみつつ手の操作性を高めていきます。

☆「クルクルポン」

　同様にポールを握り合い、♪クル・クル・ポン・♪と歌いつつ、ブンブンと振ったりグルグルと大きく回してあげたりすると、子どもはニコニコしてきます。これは固有感覚が刺激されているからでしょう。ポールを互いの目の位置に合わせると目と目もよく合います。ポールという「物」を通し、「歌の秩序」を使う中でセラピストと子どもとの関係が作られていきます。このブンブン・グルグルで、仲よしになってくれたお子さんがずいぶんいます。

☆「手をつなぎましょう」

　手つなぎではなかなか皆での輪になれないときに、ポールの端と端を持ってつながるようにすると、不思議と上手くいくことがよくあります。隣同士の間に入ったポールを握ることで、皆の手のひらの向きが揃い、輪づくりと手の振りとがスムーズになるからでしょう。

アアン

いて

23 ネタ帳□都築裕治

にぎって、ひらいて、の活動が
自然に促されます。

ポールがあると、皆で輪を
作るのもうまくいくことがあります。

むすばれて

即
既成曲にも
興演奏にも

ポールベル

　このポールの穴にミュージックベルの柄がスポンとうまくはまります。左右の穴にベルをはめ、両手で持ち上下に振り鳴らして使います。二個のベルを両手に持って鳴らしても出てくる音は同じですが、ポールベルという形とその鳴らし方が、子どもの目と気を引きつけるようです。

　さて、この二個のベルをラとミにすればわらべ唄にうまく合いますし、レとファにすればドリアン・モードでの即興演奏に自然にとけ込むという具合になります。このように音の組み合わせを工夫しておけば、自由に振り鳴らすなかで既成曲にも即興演奏にも対応した活動になってきます（伴奏型は音使いに合わせて少し工夫が必要です）。

　数本のポールベルを用意し、何人かで順に鳴らすというのも楽しいでしょう。音出しを楽しみつつ、順番・交替・待つということの理解も促されていきます。

☆「ド・ミ」と「レ・ファ」のポールベルをフレーズに合わせて交互に振ると「ひげじいさん」になります。

☆「ミ・ソ」「ファ・ラ」「レ・シ」「ド・ド」の四本のポールベルを順に振れば「こぶたぬきつねこ」です。これと同じ音使いで「星に願いを」にも「小さな世界」にもなります。

☆ラとミにした一本のポールベルをセラピストと子どもとが向き合って握り合い、「なべなべ」の歌に合わせて振り鳴らし、♪かえりましょ♪のところで子どもにターンをさせてあげるのも、動きの変化が喜ばれます。

☆ドとソで「カエルの合唱」。ポールベルを持ち、曲に合わせてピョンピョンと跳ぶ活動も場が弾んできます。

ゆくんだ

25 ネタ帳□都築裕治

内径1.5センチの水道管には
ミュージックベルがピッタリはまり、
抜けることはありません。

むすばれて

26

ふたり

優しい ゆっくりの応答性が

　セッションに、『ふうせんバドミントン』というゲームを取り入れることがあります。ゴムふうせんをシャトルにしてのバドミントンです。ふうせんは空中にゆっくりと漂って打ちやすく、相手とのやりとりが促されます。

　しかし、このゆっくりのふうせんでも、動きについてゆけない子どももいます。そこで、ふうせんに紐をつけて天井から吊してみました。この紐の先端にはクリップと数個のスズをつけ、クリップでふうせんを摘むようにしてあります。小ラケットでポォ〜ンと打つと、シャランとスズが鳴りふうせんがフワッと漂います。自分の行ったことに対して音と動きが返って来ます。この応答性が、子どもにもっとやってみようという気持ちを起こさせます。

　ラケットにも仕掛けがしてあります。柄のところに粘着テープを丸めたホルダーを作り、そこに人差し指を通すようにしておくのです。すると自然に手・手首・腕の連動がはかられ、機能訓練にもなるというわけです。

吊りふうせん

『吊りふうせん』を打つのに応じてピアノで音を返してあげます（たいていは和音でフワァ〜ッと）。この返しの和音を連結してゆくと、そのうちにこのコード進行の方向性が子どもにも伝わり、それを意識してきます。ピアニストが音を終結させると、子どもも「オヤッ？」という感じでふうせん打ちを止めます。繰り返すうちに、音の流れからまとまりを感じ取り、終止を予測するようにもなります。既成曲で子どもの動きに合わせて演奏していると、子どもの方から曲に合わせて打つようにもなってきます。この活動を通して、調整的な動きが育ってきます。

だよりは

ね

27 ネタ帳□都築裕治

むすばれて

浮

空中にかぶという存在感

『吊り』シリーズ

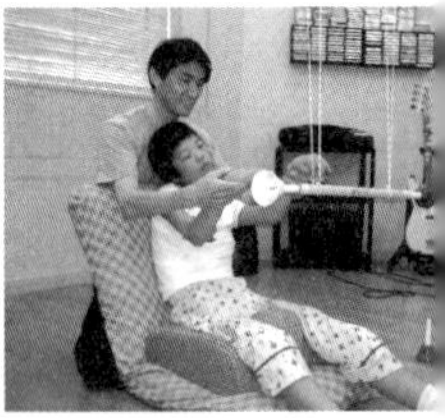

☆吊りダイコ

　吊りふうせんのアイディアから、「他にも何か吊してみたら」と思い立ち、大ダイコを梁から吊してみました。バチで叩くと部屋いっぱいにクワァ〜ンと音が響き渡り、除夜の鐘を思い出します。同じものなのに、空中に浮かんでいるだけで存在感が全く違ってきます。子どもの目と気を引かずにはいられません。

　これを重度の知的障害のお子さん（中学生）とのセッションで使ってみました。背骨の湾曲もあることから、いつもは下向き加減でしばらく叩くのみなのですが、この時は大ダイコの位置に合わせて上体を伸ばし、腕をしっかり使って連打していました。子どもの叩きに合わせてピアノでエコーを返していたのですが、叩きが安定してきたので、既成曲に変えてみました。曲に合わせての拍打ちは、この子にはちょっと難しいのですが、バチの動きに応じて大ダイコの方を前後左右に動かして、叩きが曲の拍と合うようにするという『二人羽織技法』を使ったところ、ニコッとした笑顔と「オォ・オォー！」という声が出てきました。

　グループの時には、お寺の鐘突きのようにして順番に叩くのもいいでしょう。楽しいことだと順番が待てます。

☆吊りポールベル

　先に紹介したポールベルも梁から二本のゴムひもで吊してみました。集中力や機能的な問題でポールベルから手が離れてしまいがちな子どもでも、これなら戻ってくるのでまたつかめます。つかんだ時のベルの音にピアノが応え、またポールベルをつかみに行きます。音のコミュニケーションです。

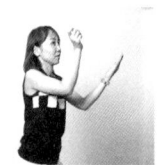

いちにち

29 ネタ帳 都築裕治

ダンスに使う長い布をねじって
吊りひもにしています。
ゴムひもでポールベルを
吊るします。

いた

30

威 使いこなすと力を発揮

ゆめ

キーボード

キーボードの特徴の一つとして、「移動」が簡単ということがあります。頑丈なスタンドに固定されたようなものでなければ、手に抱えることもできます。膝に乗せて、寝たきりの子どものすぐ横で弾いてあげることもできます。弾きながら、随時、子どものほほや手に触れてあげることもできます。セラピストとクライエントの物理的距離を、場面・状況に応じて変化させられることは、大きな特徴です。

　ピアノが無いから代わりにキーボードを使わざるを得ない、などと思っていると、演奏上いろいろと不満が出てくるでしょう。でも、ピアノとキーボードとは違う楽器ですから、その違いを上手く使いこなすといいでしょう。

　子どもに音を出してもらう時には、キーボードならではの都合のいいことがあります。音色もいろいろと変えることができ、状況により威力を発揮します。パーカッションのスイッチを選べば、タイコ代わりにもなります。バチを持てなくても、チョコンとキーを押すだけで、トントン・コンコンと音が出せ、重度のお子さんにとっても極めて応答性の高い小道具となります。

　ポツンポツンとゆっくりでしか弾けない（手が動かせない）子どもには、ビブラフォンの音にしてみましょう。余韻が長く残り、自分が出した音だというつながりがよく伝わります。

　キーボードを抱えて顔の前で「いない、いない、ばぁ」をし、キーに手を出すのを誘い出したりすることもします。手持ちタイコで叩きを促すときと同じように、キーボードでもやってみるのです。動かせるということから、多様な使い方が生まれます。

あんこ

ダン
いっぽ

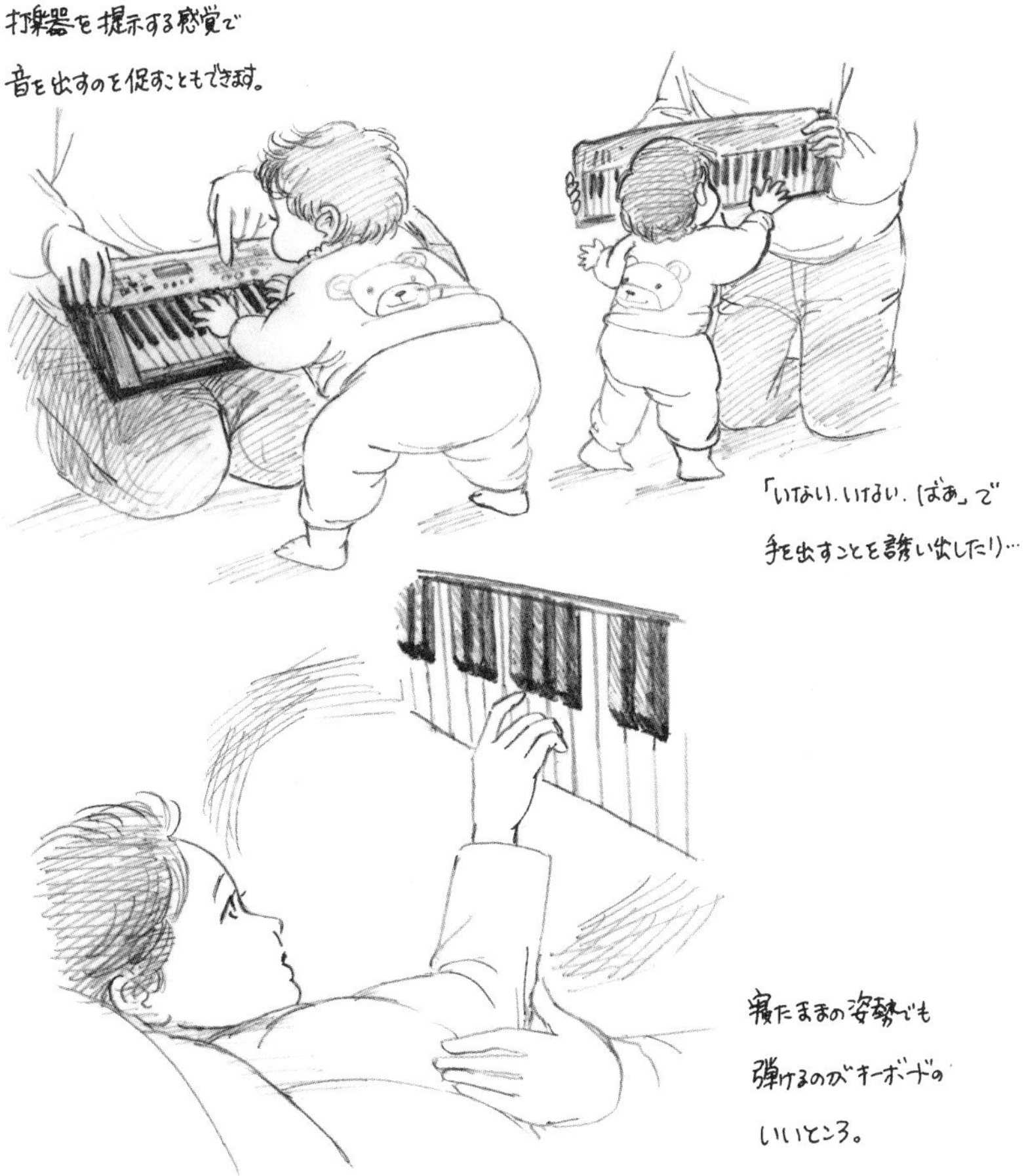
打楽器を提示する感覚で
音を出すのを促すこともできます。
「いない、いない、ばあ」で
手を出すことを誘い出したり…
寝たままの姿勢でも
弾けるのがキーボードの
いいところ。

いた

ふたり

両面テープで移動も簡単

補助鍵盤　ペタット・キー

イラストのような形に切り抜いた厚紙を、何枚も張り合わせて丈夫にし、細い柄の部分に両面テープを貼ったもの。大小二種類があります。

　この柄の部分を、キーボードの鍵盤にペタッと貼り付けて使います。すると、鍵盤の並ぶ中でこのペタット・キーのところが目立ち、思わず子どもの手が出てきます。指を一本ずつ使えなくても、麻痺があっても、手のひらや拳でこのペタット・キーをポンポンと叩けばキーボードを鳴らせます。

　人差し指が出せるという子どもには、小さいペタット・キーを使ってみましょう。大きいペタット・キーでキーボードを鳴らす楽しさを覚えた子どもにも、小さいペタット・キーがいいでしょう。人差し指の使用が自然と促されていきます。

［使い方アラカルト（小さい方）］

☆一個で　位置を付け替えては、それを弾いてもらう活動です。単純ですが、ピアノでエコーを返してあげると、結構興味を引きます。「チョップ・スティックス」ではずっと『ソ』のみにしていても曲に合っています

　慣れれば、曲の流れに沿って張り替えていき、「キラキラ星」等のメロディ奏にもできます。接着面は両面テープなので、張り替えはスムーズです。

☆三個で　「タイコをポン」に合わせてペタット・キーで『ソ・ミ・ド』を順に鳴らします。

☆四個で　二個×二ヶ所の使用で、二つの和音を出します。「メリーさんのひつじ」「ロンドン橋」で、『ド・ミ』と『レ・ファ』を両手の人差し指でほぼ交互に弾くといったものです。

あんこ

みっかで

33 ネタ帳□都築裕治

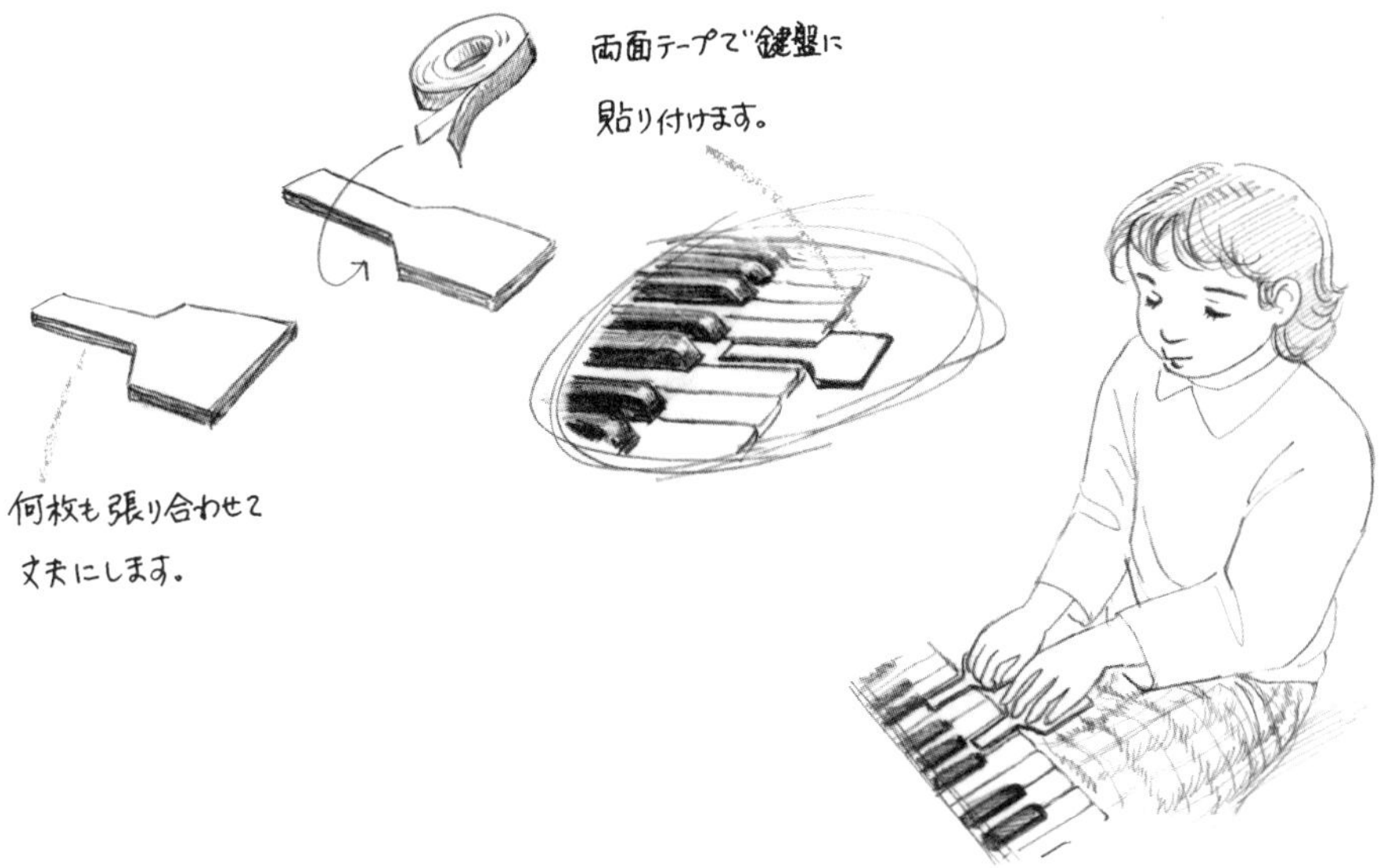
両面テープで鍵盤に
貼り付けます。
何枚も張り合わせて
丈夫にします。

タイコをポン

作詞　都築裕治
作曲　都築裕治

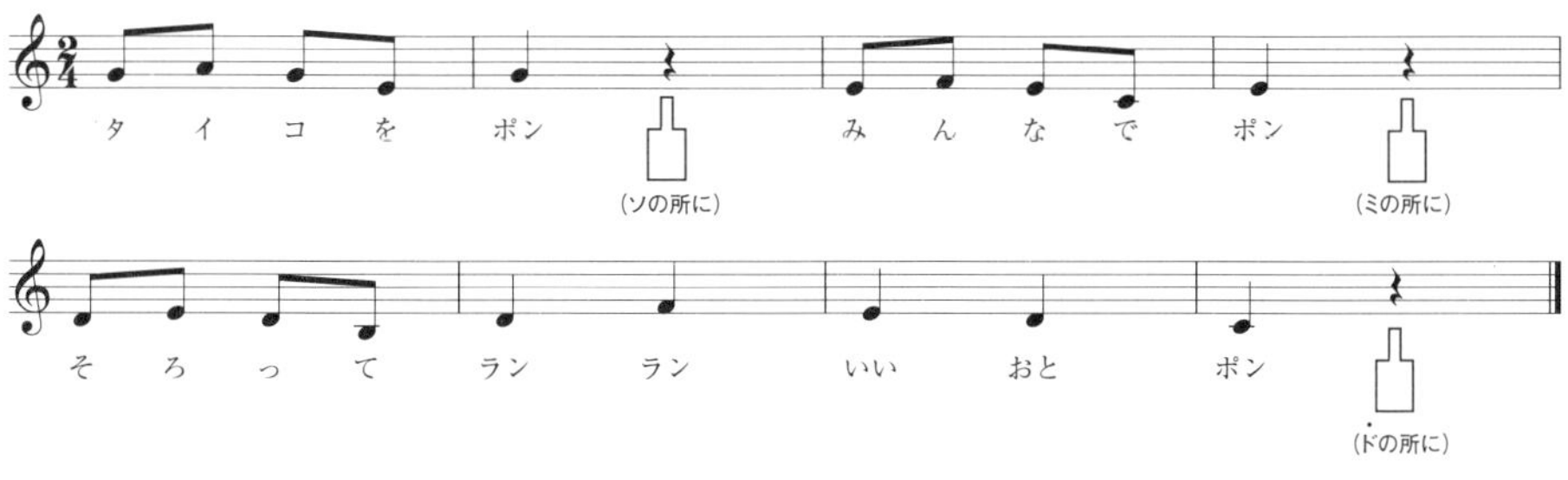
タ イ コ を ポン
(ソの所に)
み ん な で ポン
(ミの所に)
そ ろ っ て ラン ラン
いい おと ポン
(ドの所に)

いた

変身の小道具

仮面等をつけると、意識が日常から切り離されて少し大胆なふるまいができると言いますが、子どもは何かを手にしただけでも『変身』です。手に持つ小道具の力は意外と大きいもの。そんな小道具を紹介します。

☆リボン付きポール

このリボン付きポールは、長さ四十センチの塩ビ管の片端に五五センチのリボン二枚をつけたもの二本からなります。この二本のポールは長さ七センチ、内径二・二センチの塩ビ管でジョイントし、長く一本にして使うこともできます。

さて、このポールを手にすると自然と振り回したくなるので、そこにピアノやドラムなどで動きに呼応していきます。はじめのうちは動きの強要といった雰囲気にならないよう慎重な音付けですが、動きが活発になってくればそれに沿った音使いにしていきます。すると、次第にフロアを大きく使い、手足も伸び伸びとした動きになり、音と動きとが渾然一体となった高まりの過程が生じます。そこから両者一体の終結に移り、終わりのポーズと音とがピタリと合った時は、得も言われぬ達成感があります。子どももセラピストも表現者としてはお互いに対等というような感じになることもあります。

☆小布

二五センチ四方の小さな布で、端の一カ所を結んでこぶを作り、持ち手にしています。また、小布を放り上げると、このこぶが適度な重りとなってスゥーッ落ちてきます。皆で小布を両手に持ち、音楽の流れの中で、小布を振って踊ったり放り上げたりして遊びます。それぞれが自由に動いているのですが、何か一体感が出てきます。

あんこ

ダン
ダン
ダン

さんぽ

リボンは ポールの両端に
粘着テープで グルグル巻いて
固定します。
40センチの 塩ビ管
内径2.2センチの塩ビ管で
ジョイントして長くすることもできます。

いた

36

こい

板ダイコ・歩行板

ベニヤ板を十四センチ×七五センチに切り、その端と端を粘着テープでつなぎ、両面に折り曲げられるようにしたもの。活動に使う上での変化が出るように、二枚つなぎのものと三枚つなぎのものとを何組か作ってあります。

☆板ダイコ

丸くなって皆でこの板をタイコに見立ててスティックで鳴らします。床にこの板を置き、スティックを出しておくと、子どもたちは自然と叩き始めます。それに合わせてセラピストが共に叩き、次第に子どもたちの動きをリードし、また伴奏者はそのリードの具合に応じて即応的な演奏をしていくと、だんだん皆の音が合ってきます。「ダ・ダ・ダダッ」と連打しては「ストップ！」などとやったりすると、よくのってきます。

☆歩行板

線路に見立てての使い方です。歩行板が目の前に並べられると、ウロウロと動いていた子どもたちがその上を歩き始めます。すぐにうまくいくとは限りませんが、繰り返すうちには多くの子どもの動きが歩行板にそってきます。

これは目的地を見通して移動するだけの力がまだ育っていない子どもも、歩行板の流れに支えられて、結果的にゴールに着いてしまうということでしょう。

板ダイコも歩行板も、それが並べられた体型により、子どもたちの気持ちの向きが『みんなと共に』へと整えられていきます。板の並べ方を丸くしたりクニャクニャにしたりと変化をつけて遊ぶのも楽しいでしょう。

☆この板を矩形に立てて、ままごとコーナーにしたり、山形に並べてトンネル遊びに使ったりもできます。

だよりは

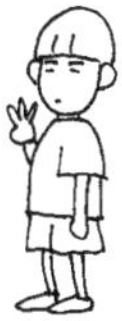

さんぽ

37 ネタ帳 都築裕治

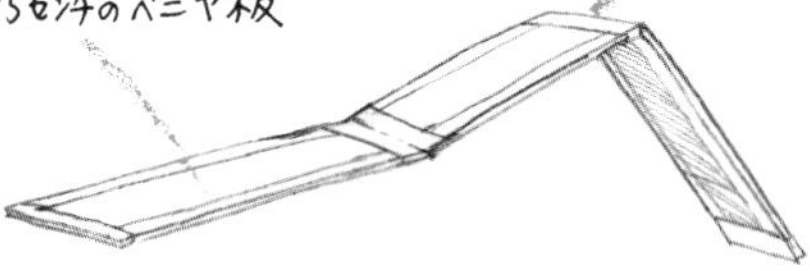

粘着テープでつなぎます。
14センチ×75センチのベニヤ板

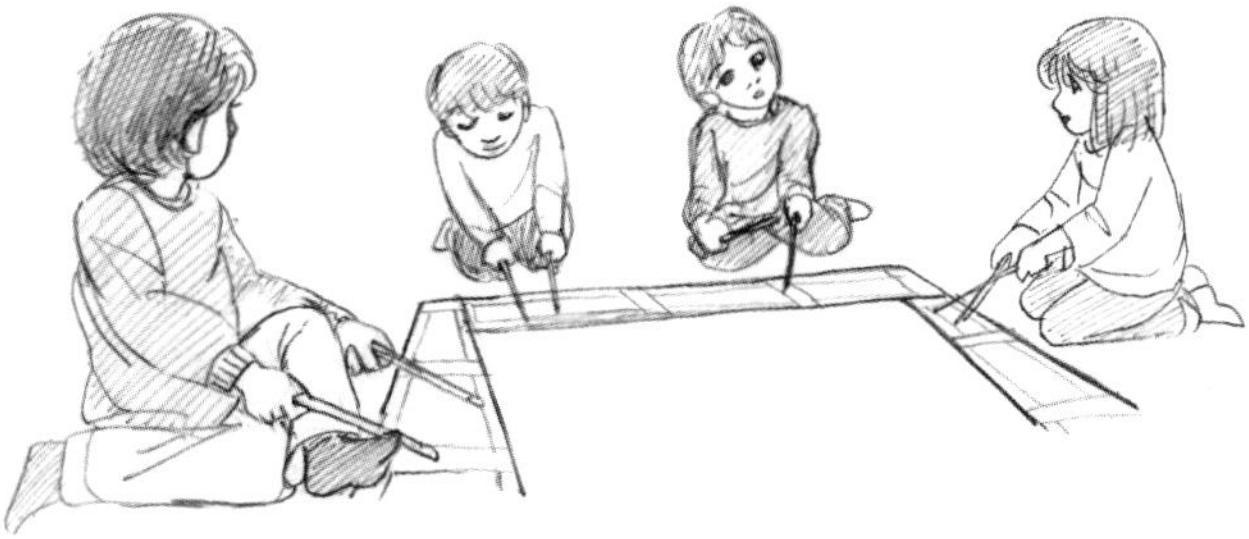

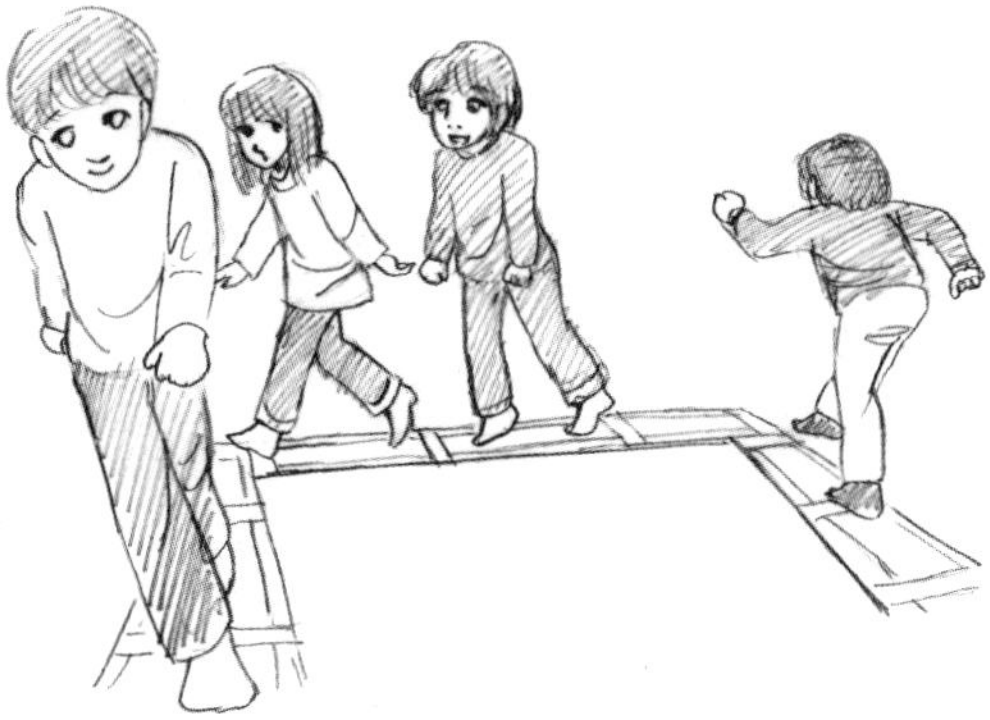

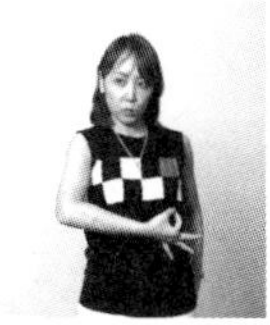

そんな

作品完成の達成感も

都々逸《どどいつ》式、替え歌づくり

五・七・五・七・七は短歌ですが、七・七・七・五の都々逸というものもあります。「お前百までわしゃ九十九まで、共に白髪の生えるまで」という有名な句がありますが、これも都々逸です。さて、この都々逸を二つつなげると、四拍子・八小節の曲にのせて歌うことができます。

ちょっと年輩の方たちがメンバーの、ある文化教室での暮れのひとこま。五、六人のグループに分かれて、季節にちなんだフリートークをしていただいた後、その中から出てきたものをいくつかのキーワードとして、句を作っていただきました。できたのは「♪いつもの散歩で、逢う人ごとに、笑顔交わして、おはようさん。♪いつも大変、新聞配り、転ばないでね、雪の朝」。それを「たき火」のメロディにのせて歌ってみました。皆さん「自分たちの歌という気がする」と気に入った様子。懐かしのメロディにのせて、ほんわかムードで歌われていました。

はじめから都々逸仕立てにしてくださいというと難しいのですが、ワイワイ・ガヤガヤのキーワード出しの過程をいれるのがミソです。

手順を整理すると、まずは時節にそったテーマなどを設定し、グループでワイワイ・ガヤガヤと自由な雰囲気でいろいろなキーワードを出し合う。次にそれらの言葉をつむいで、七・七・七・五の句にする。さらに、これを二句つなげ、なじみの曲にのせて皆で歌う。

この都々逸式替え歌づくりの活動で、グループ内交流が促進され、作品完成の達成感と共にメンバー相互の一体感が得られるようです。

すすんで

39 ネタ帳□都築裕治

そんな

「本当にこれで良いのか」を常に問いながら

下川英子

楽器の工夫を考える時に、いつも忘れられない二人が心の中にいます。

一人の方はデュシャンヌ型筋ジストロフィーのTさん、当時は二四歳でした。ミュージックベルの合奏に参加していたTさんは、両手に約一〇〇グラムのベルを持ち、演奏していました。その訓練センターでのグループ音楽療法の目的は、「院外コンサートに出演することを通して、社会参加と社会貢献を積極的にはかる」というものでした。メンバーの多くが筋ジストロフィーの患者さんで、自力でベルを取ることも難しい方々でしたが、年に五、六回行われるコンサートに出場することを、自分たちのアピールの場と捉えていました。

Tさんは二五歳になると人工呼吸器を装着し、ベルは片手だけで持つことが精一杯になりました。二七歳になると、さらに筋力は衰え、どちらの手にもベルを持つことはできなくなりました。しかしTさんは諦めずに、自分がコンサートに参加するにはどんな方法があるのだろうか、と相談してくれ、私は軽いスティックを両手にはさみ、先端でキーボードを押すことを提案しました。Tさんは両手で四音を奏でることができ、キーボードでハーモニーやカウンターラインを担当して、人工呼吸器をつけながら皆とステージに上がりました。

しかし病状は容赦なく進行して、三十歳になると気管切開を受け、スティックも持てない状態になりました。

「でも何とかしなくっちゃ!」

私は一心にそう思い、国立特殊教育総合研究所の方に相談し、キーボードとマイクロスイッチを連動させる技術を教えていただきました。右手の親指

にほ

41 ネタ帳□下川英子

の五ミリくらいの動きで二個のマイクロスイッチを押し、二音を担当して、演奏ができたのです。Tさんは「演奏できて嬉しい」と言ってくれました。そして、三二歳で亡くなるまでコンサートに出場し続けたのです。この時作ったスイッチから、「七色キーボード」が生まれました。

もう一人は脳性麻痺の男性Mさん、四二歳。四肢麻痺が強く右手の親指と人差し指がわずかに動く程度です。足にはピックッと動く不随意運動があり、顔面や舌にも麻痺があります。言葉は、一音をゆっくり発し、文章を聴き取るには大変な時間がかかります。

初めてのセッションの時、私は、Mさんが音を出すには足に可能性があるように思い、タンバリンを足元に近づけると、大きな音で数回鳴らすことができました。表情も悪くなく、Mさんの表出として良い方法かなと思っていると、帰り際に通訳をしてくださっていた職員さんから一通のメモを見せられ、フリーズしてしまったのです。

『……タンバリンを足で叩くなんて僕はいやだ』

と書いてあったのです。私は謝りました。

セッションでの楽器や提示の工夫を考える時、何人の方がこの二人のように「言葉」で気持ちを伝えてくれるでしょうか……。重い方の多くは「表情」が頼りです。言葉での伝達ができない方も、きっとこの二人のように心の中では色々なことを思っているはずです。同じ工夫を前回は喜んでくれたのに、今日は表情が曇っているということもあります。

私はいつもいつも、「これで良いのかなあ」と迷いながら作っているのです。

SHIMOKAWA Eiko

東京生まれ。東京藝術大学作曲科大学院修了。ラジオやテレビ番組の編曲、ハープや箏曲、雅楽などの作品を発表。卒業後20年を経て音楽療法を勉強。楽器を工夫しなければ出音困難なクライエントが多く、手で物を考えた。ひとりひとりに合う曲も手作りが多い。「the ミュージックセラピー」の06、07号に作曲の一部を掲載される。現在、肢体不自由児施設「埼玉療育園」、埼玉県筋ジストロフィー協会デイケア「黒浜訓練センター」、塩尻市「中村病院」、世田谷区立「梅ヶ丘実習ホーム」などの音楽療法士。江原学園東京音楽療法専門学校講師。日本音楽療法学会認定音楽療法士

そんな

はな

大太鼓の上が赤や黄色、オレンジ色のお花畑。

大太鼓を叩くと、フライパンからポップコーンがはじけるように、おはじきが踊りだして飛び出すところからこの名前が付きました。素手で叩くと振動が掌から伝わり、音量を目でも肌でも感じることができます。聴覚障害の方にも向く活動です。大きな音を出すお子さんにとっては、音量をコントロールすることを視覚から覚えることにもなります。

外的な音に対する注意力があるお子さんには、ピアノの動きや音量と連動して、ピアニシモから始めてだんだん大きくしたり、途中で止まったりする即時反応にも使えますし、ピアノと子どもとの「やり取り」をすることも楽しくできます。まだ、外的な音に対する注意力がないお子さんの場合は、ピアノなしでセラピストが一緒になって、「シー」と言いながら身体で音量のサインを出しながら進めます。

おはじきポップコーン

右の写真では三人のグループでやっていますが、子どもたち同士で仲良くかかわりを持ちながら活動をしています。

上肢の動きが不自由な子どもたちには、おはじきを捲いた上からスーパーボールを落としてみます。すると、おはじきが踊ります。安全性を考えて、プラスティックのおはじきの真ん中に穴が開いている物を使うことをお勧めします。今まで一度の誤飲もありませんが、何でも口に入れてしまう発達段階の方には、この活動は無理です。

イラスト
下川英子

あんこ

さがる

43 ネタ帳□下川英子

おはじきポップ

作曲　下川英子

C Ab7 C/G A7 Dm G7
おはじき　ポップ　おはじき　ポップ　さあ
Dm G7 C/E F Dm7 D9 G C F/C C
とばそー　ラララ　ラポップ　はなを　と　ば　そ　うー

そんな

ふたり

叩　マレットを持てなくても叩けるよ

えりちゃんの手は低緊張（筋肉の緊張が弱い）のために、なかなかマレットを持って太鼓を叩くことができませんでした。お得意は本のページをめくることと、スネアドラムの響き線を擦って音を出すこと。その手の動きを見ていて思いついたのがこれです。

ゴムひもに丸い発泡スチロール玉を通してみました。ところがとても硬い強い音がするので、えりちゃんは嫌がりました。今度は玉に薄いスポンジを巻いてみました。今度は軟らかすぎて音のインパクトがありません。コ・セラピストの方がその上から毛糸の編み物で覆うことを考えてくれました。良い音になり、大成功！　えりちゃんの手は自発的にゴムを引っ張り、得意そうにタイコを連打するようになりました。曲は、えりちゃんのセッションで生まれたものです。

ボールマレット

えりちゃん叩いて

作曲　下川英子

C FM7 G7 C C C7 F C
えりちゃん たたいて たたいて みよう う ポポポン ポポポン
G7 AmG C C7 F C Dm7 Gsus4 G7 C
たたい てえり ちゃん ポポポン ポポポン とってっ もす てきね

あんこ

じーん

じん

45 ネタ帳□下川英子

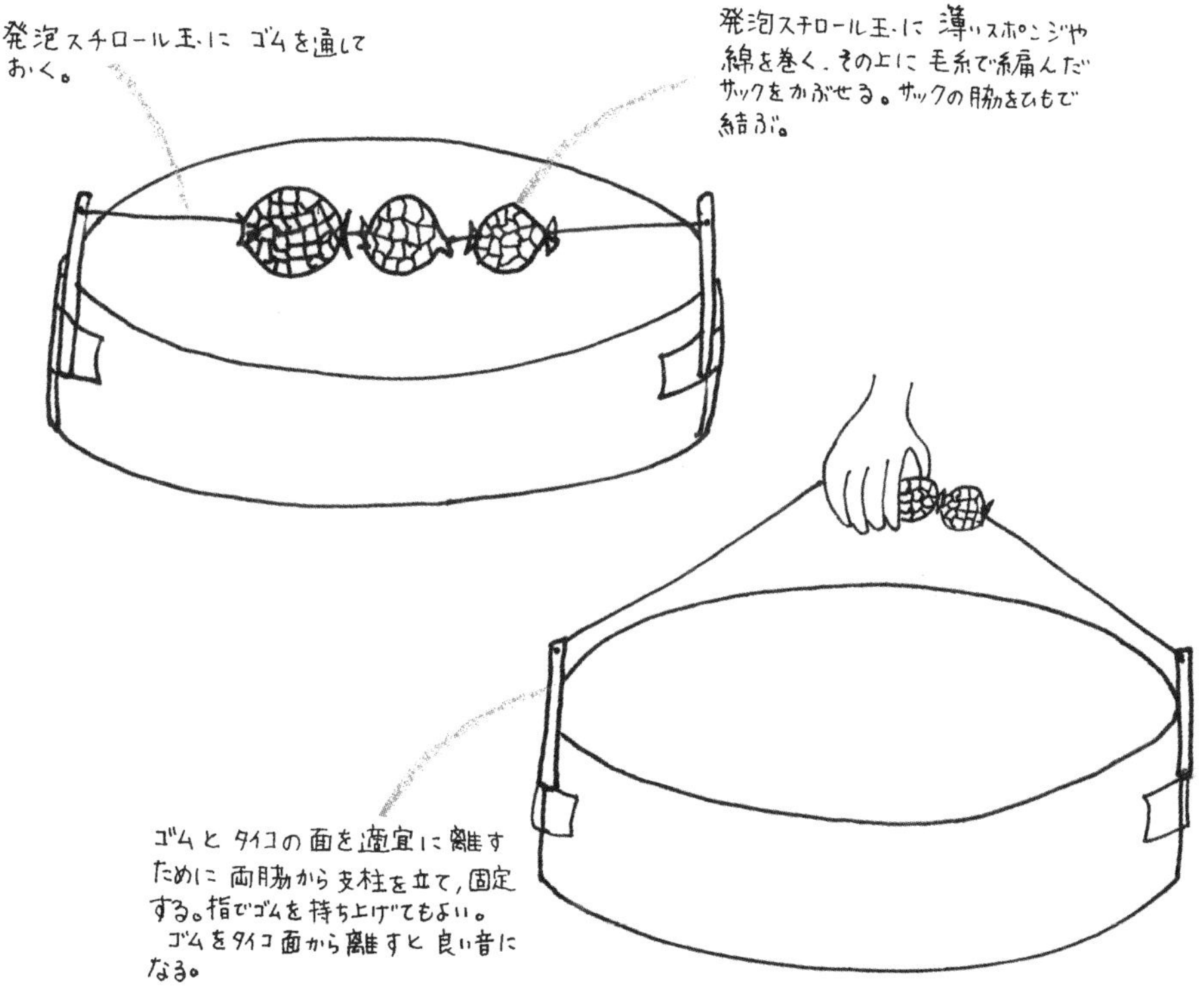
発泡スチロール玉に ゴムを通しておく。
発泡スチロール玉に 薄いスポンジや綿を巻く。その上に 毛糸で編んだサックをかぶせる。サックの脇をひもで結ぶ。
ゴムと タイコの面を適宜に離すために 両脇から支柱を立て，固定する。指でゴムを持ち上げてもよい。
ゴムをタイコ面から離すと 良い音になる。

きがする

あなたと

回し打ちで盛り上がる

カエルさんがポン

愛着形成を促しながら、子どもが順番を待ったり指人形とのやり取りを楽しむ活動です。はじめはカエルさんが「ポン！」次が「○○ちゃんがポン！」とタンバリンを移動させながら順番に打つことを楽しみます。慣れてくればお母さんにも入ってもらって、「回し打ち」をします。順番に廻ったり、アトランダムに廻ったり、速くしたり遅くしたり、タンバリンを上にあげたり……。カエルさんに演技をつけてリズムも変えながら打つとなお楽しいです。

早口の苦手な私がタンバリンを差し出す人の名前を間違えることもしばしば。子どもは笑い転げます。カエルさんではなくアンパンマンの指人形しか受け付けない子どもさんもいます。子どもの好きな人形を使って、やり取りを楽しんでください。

カエルさんがポン　　作曲　下川英子

C　Dm7/C　G/B　G7　FM7　G7　C　C7
カエルさんがポン　○ちゃんがポン　カエルさんがポン　○ちゃんがポン
F　C/E　A7/C♯　Dm7　Fm6　G7　C
カエルさんがポン　○ちゃんがポン　カエルさんがポン　○ちゃんがポン

あんこ

せいは

47 ネタ帳□下川英子

きがする

48

あい

シャボン玉

をきっかけに

言葉の発達に遅れがあったなみちゃんは「息を溜めて吹く」ことを身につけることが重要課題でした。ところが、口に物が触れることを嫌がる過敏反応があって、なかなかフォーンや笛を口に入れることができませんでした。時期を待っていると、一緒にセッションに入っている言語聴覚士の努力で、まずシャボン玉ができるようになりました。

そこで私は、ストローでシャボン玉を吹くことができるのなら、ストローでフォーンを吹けばいいんだと思いつきました。

ストローフォーン

さっそく、クワイヤーフォーンに短く切ったストローを差し込み、ビニールテープで空気が漏れないようにふさぎました。試すこと三回。小さな音が出たのです。次には大きな音が！ 嬉しくなったなみちゃんは、フォーンを吹きながら部屋を斜めに走ったり、縦に走ったり、お母さんの前で吹いたり、喜びを身体中で表していました。その後、数人のフォーンが吹けないお子さんに成功しています。

ストローの差し込み具合が微妙で、少しでも深くさすと鳴りません。今は、ビニールテープの代わりに「ねり消し」（デッサン用の粘土のような柔らかな消しゴム）を使ってストローを固定しています。

あんこ

ワン

クワイヤーホーンに 短く切った
ストローを 切り口を下にして
差し込む.
ビニールテープなら 幅を半分に
切って 空気がもれないようにする.
ねり消しなら 柔らかくして 詰
める.

車がとおります (CEGのクワイヤーホーンで)　　　　作曲　下川英子

C
Dm7/C
G/B
G
C
くるまが とおります きゅう きゅう しゃが ー とお る
パト カー が とお りま す
しょう ぼう しゃ が ー とお る
△
C
△
C7
F
G7
△
C
ピー ポー ピー ポー みなさん どいて
ウー ウー ウー ウー
ウー ウー ウー ウー

※△印で吹く

きがする

数字や文字の持つ魔力？

広汎性発達障害の子どもたちの中には、数字や文字に特別な興味がある方が少なくありません。これを考えたきっかけは、母子通園の玄関からなかなか中に入ってこられなかった子どもと、何ヶ月も遊んでいた時のできごとでした。

おもちゃも、乗り物も、何で誘っても玄関に入れません。ところがある日、その子が大きなビーチボールを追いかけて自分から玄関に飛び込んできたのです。今までボールで誘っても駄目だったのに……。ところがその日のボールには秘密があったのです。

(写真は本文とは別の子どもの活動)

時計タンバリン

その秘密が何なのか、お母さんが教えてくれました。ボールの隅っこに会社名の文字と数字が大きめに印刷してあったのですが、その文字につられて、あんなに入りづらかった玄関を突破したのでした。

その後は一〇〇円ショップで売っているおもちゃのスポンジ時計で誘うと玄関に入れるようになりました。数字がはめ込み式になっていて、いくつか抜いて見せると、慌てて玄関を通過して、自分で数字をはめに来ます。

そこでこの「時計タンバリン」を作りました。母子通園施設の園内に六人いる音楽療法士の一人が作曲した素敵なタンバリンの曲に合わせて子どもたちの笑顔があふれます。他の子どもたちにも人気のあるタンバリンになりました。数の概念が分かるようになったら、時計として「数打ち」にも使えます。

いったきり

ツー

51 ネタ帳□下川英子

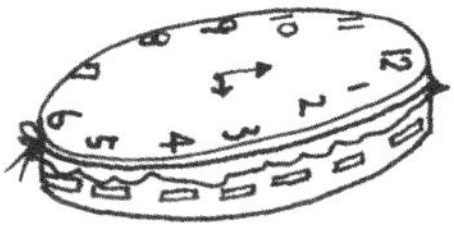

直接数字を描けない時は
白い布に描きゴムで止める。

ある特定な色に興味がある子ども
には 色の生地をゴムで止めて使う
こともできる。

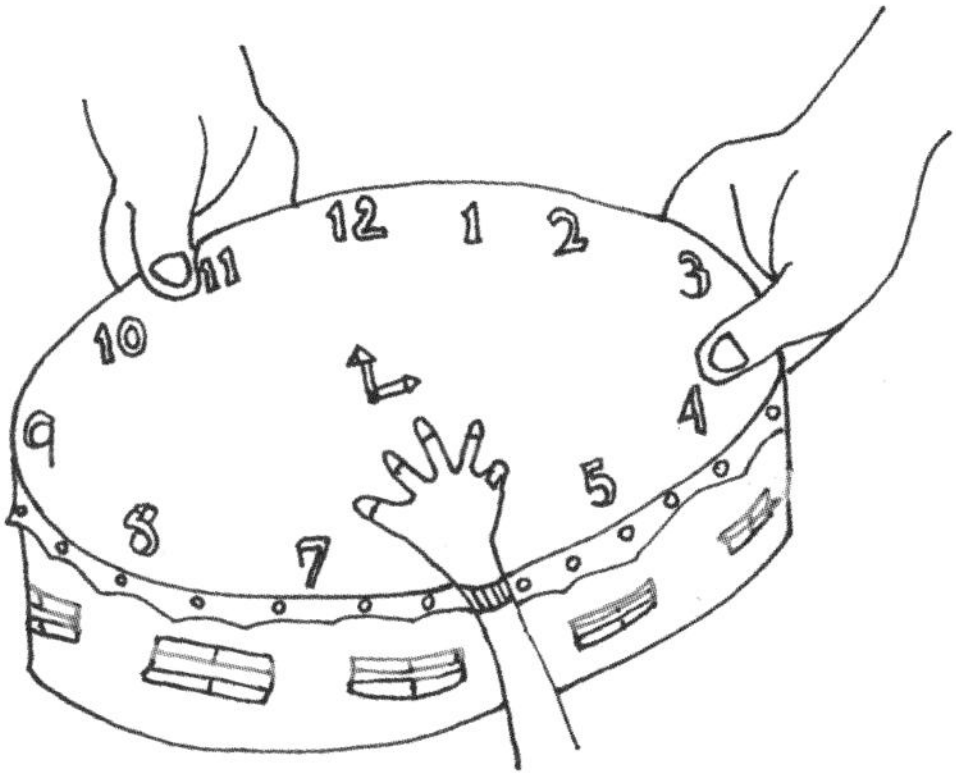

タンバリンに直接油性ペンで 色々な色を使い
数字を描く。

作曲　篠田博子

タンバリンでタン

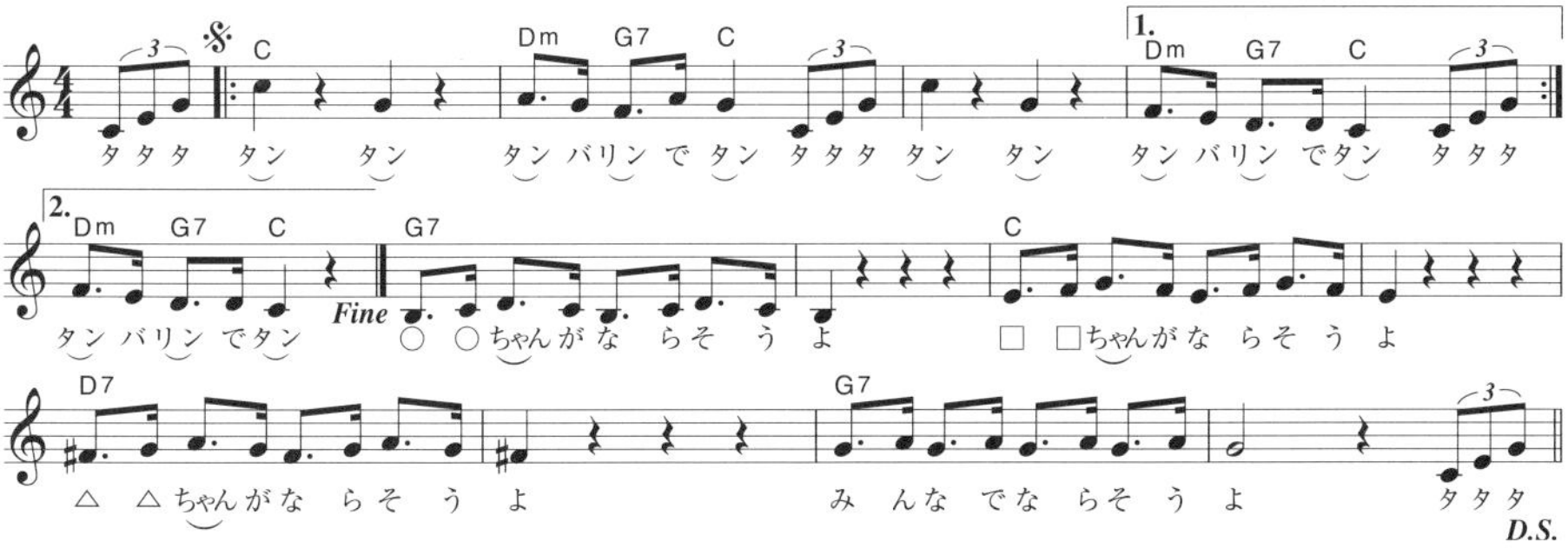

C Dm G7 C
タタタ タン タン タン バリン で タン タタタ タン タン
1. Dm G7 C
タン バリン でタン タタタ
2. Dm G7 C
タン バリン でタン
Fine
G7
○ ○ちゃんがな らそ う よ
C
□ □ちゃんがな らそ う よ
D7
△ △ちゃんがな らそ う よ
G7
み んな でな らそ う よ
タタタ
D.S.

べにのあと

よぶ

大人もつい 没頭 する楽しさ

リボンの活動は、歩行ができなくても椅子に座ってできます。おもちゃ屋さんに売っているリボンはスティックが硬すぎて運動の発達に遅れがある方には向きません。経験から、リボンはスティックが命のような気がします。新体操用のジュニア用スティックは「しなり」が全く違って、微妙な手首の変化を大きなリボンの動きに換えることができます。楽しさが違います。リボンはジュニア用四メートルの物を、子どもに合わせて切って使っています。

リボンを回しながら、子どもたちから「くもー(雲)」「はなびー(花火)」「あーめー(雨)」「へーびー」などと動きをイメージする言葉がつぎつぎ飛び出します。「王子様がくるー」とファンタジーあふれる言葉を発したのはアスペルガーのお嬢さん。きっとお姫様になってリボンを回しているのですね。

新体操リボン

雨（リボンの動きの雰囲気に合わせた即興の一例）　作曲　下川英子

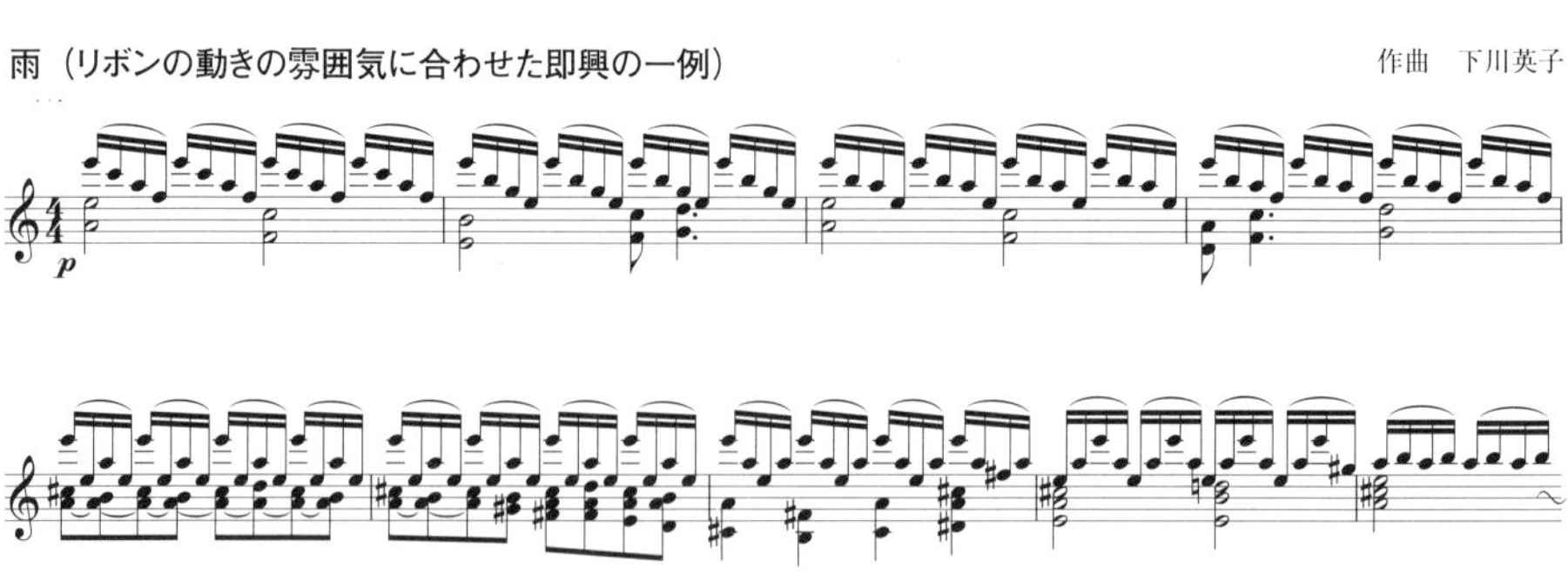

いったきり

パンツ

53 ネタ帳□下川英子

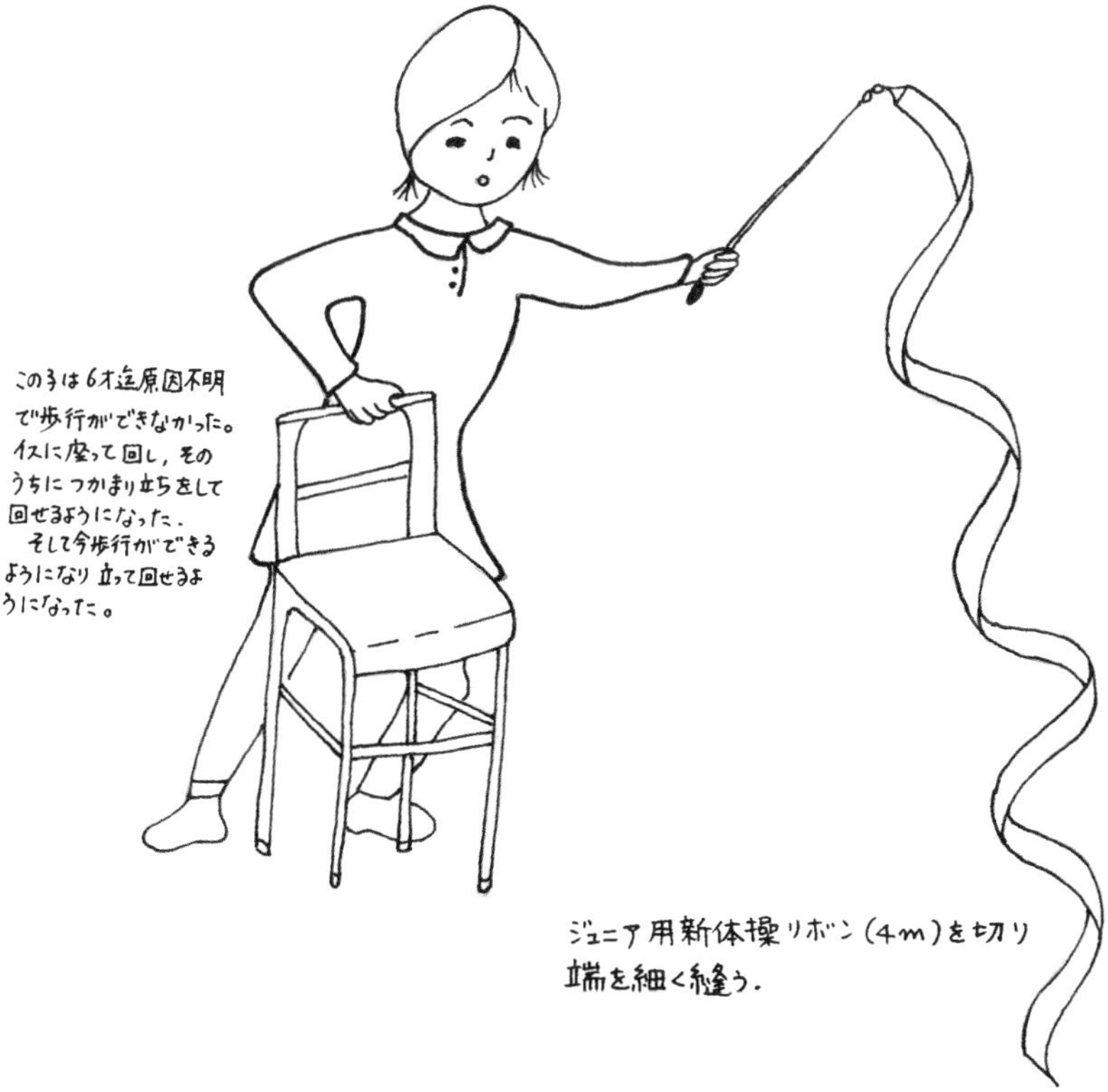
この子は6才迄原因不明
で歩行ができなかった。
イスに座って回し，その
うちにつかまり立ちをして
回せるようになった．
そして今歩行ができる
ようになり立って回せるよ
うになった。
ジュニア用新体操リボン（4m）を切り
端を細く縫う．

べにのあと

わずか二グラムの軽さがミソ

型抜き色あそび

いったきり

みきちゃんはレット症候群なので、ふだんは手が思うように使えません。人によってかなり違いますが、レット特有のさまざまな手を揉むような動きが常にあって、意味のある手の動きが難しい状態です。でも、音楽療法の場面ではかなり手が使えるようになりました。マレットを持ってタイコを十五分も叩けるようになったのです。

　十三歳になった頃から体重が著しく減少して、マレットを握ってタイコを叩くこともできなくなったみきちゃんが、ある時、私の顔を見てポロッと涙を流したのです。私はこの時「これからがみきちゃんとの音楽療法の始まりなんだ」と自分に言い聞かせて、いろいろと楽器の工夫について考えました。

　それから養護学校の先生や、ドクターやいろいろな療法士が集まってカンファレンスを開き、対策を考えたのです。その席で、養護学校の先生が私たちに、みきちゃんは色紙や絵の具が好きだと教えてくださり、理学療法士はクレヨンを使って手を動かすことを考え、作業療法士は光と色を使って、手による意思の伝達方法を考えました。

　そして、私はこの「型抜き」と次に出てくる「七色キーボード」を製作したのです。

　マレットは二十二グラムありますが、この型抜きの紙は二グラムもありません。みきちゃんはみずから手を伸ばして取っ手をつかみ、中から出てくる鮮やかな色と形を、耳からは出てきた物にちなんだ音楽を楽しみました。

あせかき

55 ネタ帳□下川英子

下はきれいな色の色紙。
ラシャやミューズコットンなど。
上は白か淡いクリーム色の
厚紙。
上の紙を型にそってくり抜き
取っ手をつける。

でてくる でてくる どんな色

作曲　下川英子

A♭ Fm7 D♭M11 A♭/C B♭m7 E♭7 A♭
でてくるでてくる どんないろ はなのかたち とりのかたち ララ
D♭/F A♭/E♭ B♭7 E♭7 A♭
どんないろ みきちゃんのいろ ララ とって みきちゃん

べにのあと

め

二音から七音に発展

極度の体重減少がおこりマレットが持てなくなったみきちゃんに、手の負担を少なくし、しかも自分の意思で手を使うことが楽しいということを忘れないようにしたいと考えました。

キーボードがちょうどそれにピッタリの活動でした。自発的にキーの上に手を乗せることもでき、水平方向へ手を移動させて音を出すこともできました。

でもどうしても音がクラスターで鳴ってしまうので、たまには一音で鳴らしてみようと考え、キーボードから音を引き出し、二個のボタンスイッチを作りました。でも二個ではみきちゃんの顔は曇ってしまいました。

セッションに入ってくださっている小児神経科医のアドヴァイスにより、

七色キーボード

音階の全部の音をこの方法で作ってみることにしました。「赤・橙・黄・緑・青・藍・紫」の虹の色に並べたボタンスイッチの「七色キーボード」ができました。すると、出る出る！ 利き手の左ばかりでなく、右手も出て、一音を弾くことができたのです。その後、音の間隔をさらに拡げる改良を加え、今の形ができました。音の種類はストリングスのように伸びのいい音色を選びますが、雰囲気を変えたい時にヴィブラフォーンにしたりすると、また元気に弾き続けます。

みきちゃんの体重は一年後に戻り、元気に音楽療法へ通ってきます。体重が戻った今でも、「七色キーボード」は大好きです。このごろ「緑」と私が言うと緑のスイッチを押すことが多くなって、また新たな可能性が拡がってきました。

べそかき

57 ネタ帳□下川英子

1. キーボードは カシオ か ヤマハ の ミニキーボード で充分に出来る。
2. ボタン式スイッチ（サンワ OBSF30），
   ジャック（MJ355，3.5Ø モノジャック）
   イヤホーン（100円ショップのラジオ・テレビ用）
   スイッチの個定台
3. 鍵板の裏側にある基盤をはずし スイッチを入れた状態で，取り出したい音のピンを探す。（音は必ず2ケのピンの組み合せで出来ている。）

＊現在、製品化へむけて
（株）アップリカ葛西と
共同開発中

にじのお花畑（七色キーボードがCdurの場合はP.fもCdurで）　作曲　下川英子

あ か い ひ か り の そ の な か へ み き ちゃん と お さん ぽ
F Dm Em F Gsus4 G7 C
に じ の お は な ば た け に み き ちゃん と い こ う

べにのあと

愛着形成にも

フルーツシェーカーを使った活動を終える時に、うさちゃんがシェーカーを食べるという設定で楽器を回収して行くものです。はじめは怖がってうさぎの口に入れられない方もいます。認知の発達が進めば、弁別や数などの課題を盛り込みながら楽しく使えます。

どこにでもあるお菓子箱を使って作りますが、分厚くてしっかりした箱が適しています。初代はウサギでなくてカバさんでした。これは小さくなった息子の毛糸のベストで作りました。二代目ウサギ（写真）は、タオル地のシャツ、三代目はウサギのお母さんで、ニットのカーディガンを使って作りました。カーディガンを選ぶ時に、「これは自分がしばらく着たらウサギになるな」と思って買いました。大事なことは手触りが良い生地を選ぶことです。

おなかのすいたうさちゃん

幼児の愛着形成は大切な発達の段階ですが、自閉的傾向のあるお子さんの中には、注視することが苦手だったり、ぬいぐるみに対する愛着も出にくい例があります。今は中学生になった自閉症の少年は、小さい時にかばさんに餌（フルーツシェーカー）をあげられるようになってから、初めて生きた動物を触れるようになった、とお母さんが話してくださいました。写真のつかさちゃんは、ぬいぐるみが大好き。うさちゃんに餌をあげるたびに「チュー」としてくれます。

ある

59 ネタ帳□下川英子

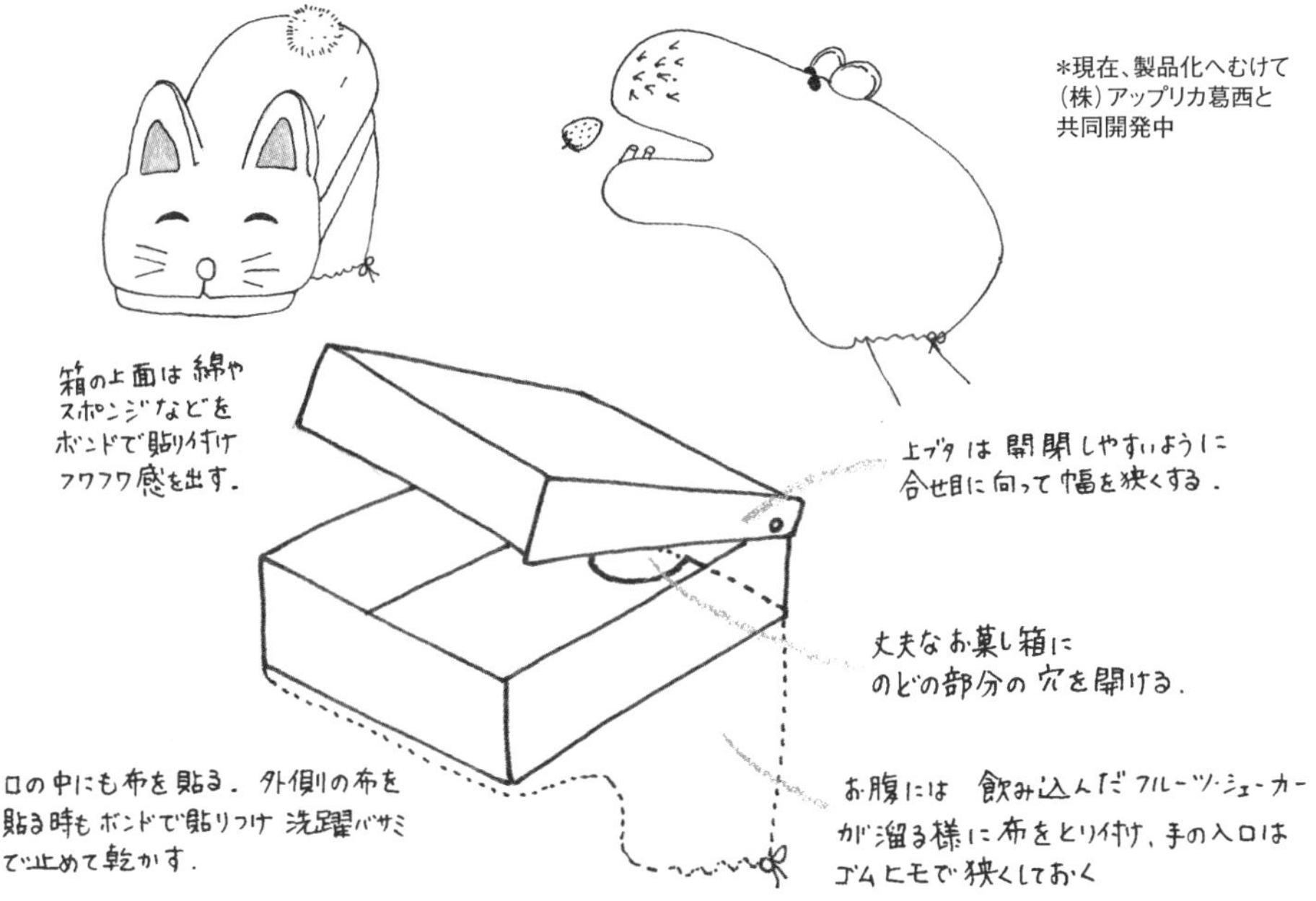
箱の上面は綿やスポンジなどをボンドで貼り付けフワフワ感を出す。

上ブタは開閉しやすいように合せ目に向って幅を狭くする。

丈夫なお菓し箱にのどの部分の穴を開ける。

口の中にも布を貼る。外側の布を貼る時もボンドで貼りつけ洗濯バサミで止めて乾かす。

お腹には飲み込んだフルーツ・シェーカーが溜る様に布をとり付け、手の入口はゴムヒモで狭くしておく

*現在、製品化へむけて(株)アップリカ葛西と共同開発中

おなかのすいた うさちゃん　　作曲　下川英子

C C/B Am7 Am7/G F Dm7 D9 G
お なか のす いた う さ ちゃん な ー に かた べた い な
Dm D♯dim G7 C
○ ○ ちゃ ん く だ さい ○ ○ をく ださ い な

だから

らの

ボタンゴム鈴

いろいろな音楽療法の場面でごく普通に使われるゴム鈴ですが、幼児にもとても用途が広いものです。からだを使った運動を多く取り入れる時期には欠かせないものでしょう。

　皆で輪になって振ったり、輪を大きくしたり小さくしたり、上げたり下げたり、波を作ったり、すでにたくさんの工夫がなされているかと思います。

　このゴム鈴に、象さんやクマ、アンパンマン、バイキンマン、などのボタンを、ところどころに付けました。子どもは、はじめはそんなものには気が付きません。でも認知発達が進んでくると、小さなものへの注意力が出てきて、ある時気付くと自分でボタンを探すために、ぐるぐる鈴を回しています。この時の手の動きが案外難しいものなので、右手と左手の相互作用である「たぐる」動作を教えます。

　写真のるいなちゃんもゴム鈴が大好きなお嬢さんです。輪の中に入ることが好きで、入ったなと思ったら、セラピストがすばやく輪を移動させてしまいます。るいなちゃんは慌てて笑いながら移動した輪に入りに来ます。そしてまた輪を動かす。みんな汗びっしょり！

　ところが一年経って、るいなちゃんは、その鈴の輪にキャラクターのボタンがたくさん付いていることに気付いたのです。「アンパンマンを探そうよ……」と私が歌うと、輪を回し始めました。冬になったら、一個だけサンタクロースを付けて皆で回しながら探すのもいいですね。

なみのかなたに

こう

61 ネタ帳□下川英子

手芸用品店で キャラクターボタンと
鈴を購入する.
カラーゴムを三ツ編しながらボタン
や鈴を付ける.

さあ探そうよ

作曲 下川英子

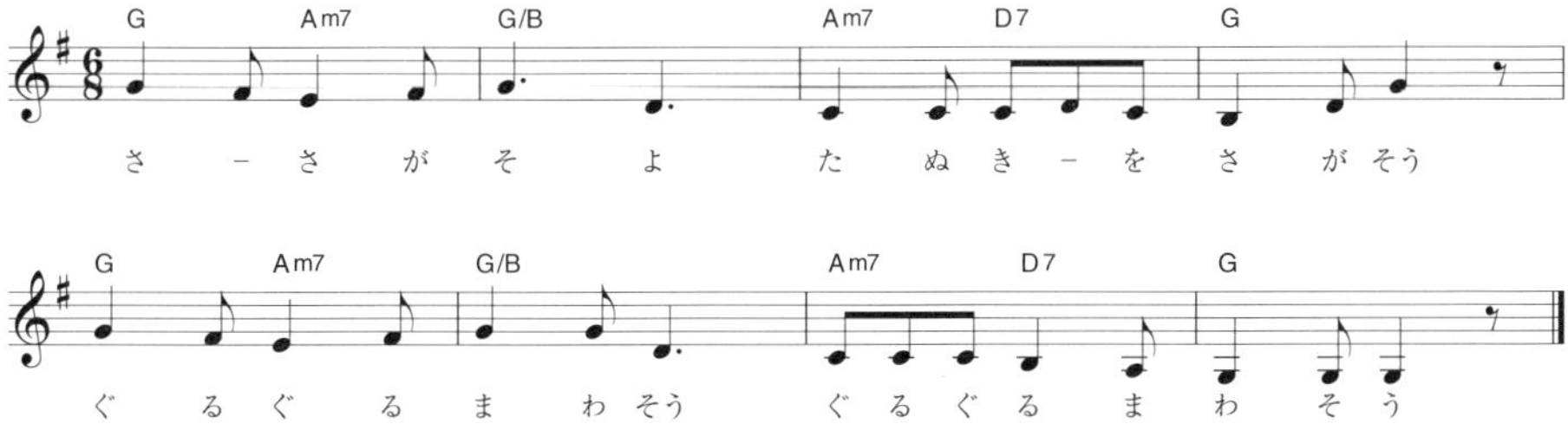

G Am7 G/B Am7 D7 G
さーさがそよ たぬきーを さがそう
G Am7 G/B Am7 D7 G
ぐるぐるまわそう ぐるぐるまわそう

だから

われ

世界にひとつだけの○○さんの楽器

根岸由香

「みんなちがってそれでいい」「ナンバーワンよりオンリーワン」養護学校の中でよく使われる「ことば」です。「音楽療法」や「養護学校」の現場で障害のある子ども達と関わっていると、子ども達一人ひとりにそれぞれの「好み」があることが分かります。好みの音や音楽、色や形や香り……などは様々あり、それはとても多様であることを感じます。

例えば「レインスティック」、と同じ名称で呼ばれる楽器でも、その形態、色、触感、音色、大きさ、重さ……等々の色々な要素によって、子どもに「好まれる」と「好まれざる」ことがあります。また、視覚優位なのか聴覚優位なのか、主に振動感覚で音を感じ取っているのかによっても、中身の見えるレインスティックを選ぶのか、一般的なレインスティックを選ぶのか、太いレインスティックを選ぶのか、選ぶべき楽器が変わってきます。セラピストは、「より子どもに寄り添い」「より楽しい音空間を提供する」ために、様々な音や音楽そして楽器を準備することが必要であると思います。

様々な形態、色、触感、音色、匂い、味、大きさ、重さ、材質、温度等々の楽器を準備するにあたっては、「既成の楽器をチョイスして手に入れる」「同じ名称（種類）の楽器を複数集める」ことは勿論ですが、それだけでは子ども達の多様なニーズに応えきれないため、「手作り楽器」を作成しています。

「手作り楽器」の発想の宝庫は『一〇〇円ショップ』です。なぜ『一〇〇円ショップ』なのか？　ですが、まずは「安い」。それから、「日常生活に根ざしている」「さまざまな物が売っている」「ある一つの物がカラフルに何種類も取

63 ネタ帳□根岸由香

りそろっている」が、その理由です。知的障害のある子ども達にとっては、やはり日常生活に根ざしたことが理解しやすく、また安心のできることでもあります。さらに、自立に向けて、生活面の支援をしていくことが基本となります。これらの観点からも、『一〇〇円ショップ』で生活用品を手に入れ、それらを活用して「手作り楽器」を作成して楽器のバリエーションを拡げることは、とっても有意義なことと思います。

使用にあたっては、「一〇〇円だから惜しげなく使える」という利点があります。また、子ども本人に「手作り楽器」を作成させることから始めることにより、「自分の楽器」という意識を芽生えさせ、その楽器を大切に扱うということも学習させられます。自分で作った楽器に愛着を持って『世界にひとつだけの楽器』として大切に扱うことにより、「楽器自体を大切に扱う」という習慣にも繋がります。

私は、日曜日になると『一〇〇円ショップ』巡りをしては、「手作り楽器のネタ」を探しています。「よく発想が浮かぶね」と言われるのですが、その発想の背景には、子どもの頃から大好きで見ていた「吉本新喜劇」の番組や、和歌山の田舎で野山や海で遊んでいたことがあるのかもしれません。TVでは、灰皿を使った「ぱちぱちパンチ」や「のこぎり音楽隊」を面白く見ていました。野山では、シダを使って弓矢を作って遊んだり、海では竹に紐をつけて釣りの真似事をしたりしていました。こんな経験が、今の「手作り楽器づくりの発想」に生きているのではないかと思うのです。

NEGISHI Yuka

兵庫教育大学芸術系（音楽）修士過程にて教育学修士取得、筑波大学大学院教育研究科にてリハビリテーション修士取得。障害児童、成人の音楽療法を中心に実践。民族音楽の研究と現地での楽器収集が趣味。セッションで使う衣装や小物作りなど、手工芸が特技。東京学芸大学附属養護学校教諭、日本音楽療法学会認定音楽療法士

しぬまで

も

柔軟性のある素材に鈴をつけて

子どもに「ボディイメージ」を獲得させたり、「物（楽器）」を意識させて操作させたりする時に、物そのもの自体の音が鳴ると、子どもはより意図的に操作することができるようになります。

また、脳性マヒの子どもなど、手が自由に動かせなかったり力が弱かったりする場合にも、その微力な力で鳴らすことのできる楽器を工夫したいと思い、『一〇〇円ショップ』で、柔軟性のある「素材」を探しました。そしてその「素材」に「鈴」をつけて手作り楽器を作りました。

（一）「ボディたわし」はソフトな感触と伸縮性のある素材なので、二人で紐の端と端を持ちお互いに引っ張ることにより、相手を感じ合いながら鳴らすことができます。踊ることもできます。指先の微力な力で鳴らすこともできます。また紺と白のストライプ模様のものを購入すると、弱視の子どもにも見えやすくなります。

鈴シリーズ

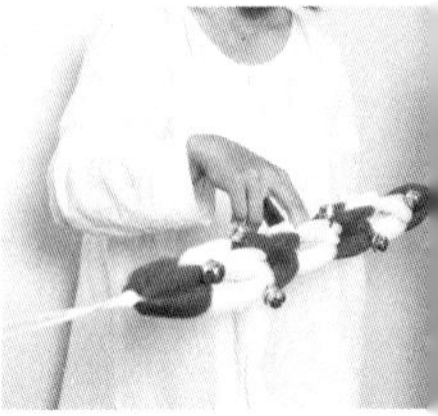

（二） 色とりどりの「造花」に、瞬間接着剤で「鈴」をつけました。これも持って踊るとステキです。また、花の部分に触れることにより、マヒがある子や微力な力の子どもでも鳴らすことができます。

（三） 動物のついた「タオルハンガー」や「トイレットペーパーホルダー」に「鈴」をつけました。持って鳴らしても良いし、吊り下げて揺らして鳴らしても良いです。可愛い動物は、子ども達に人気です。

（四） 傘」に「鈴」をつけて楽器にし、「雨が降ったら傘をさす」ことを学習させます。

イラスト
根岸由香

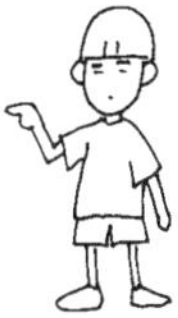

あなたの

65 ネタ帳 根岸由香

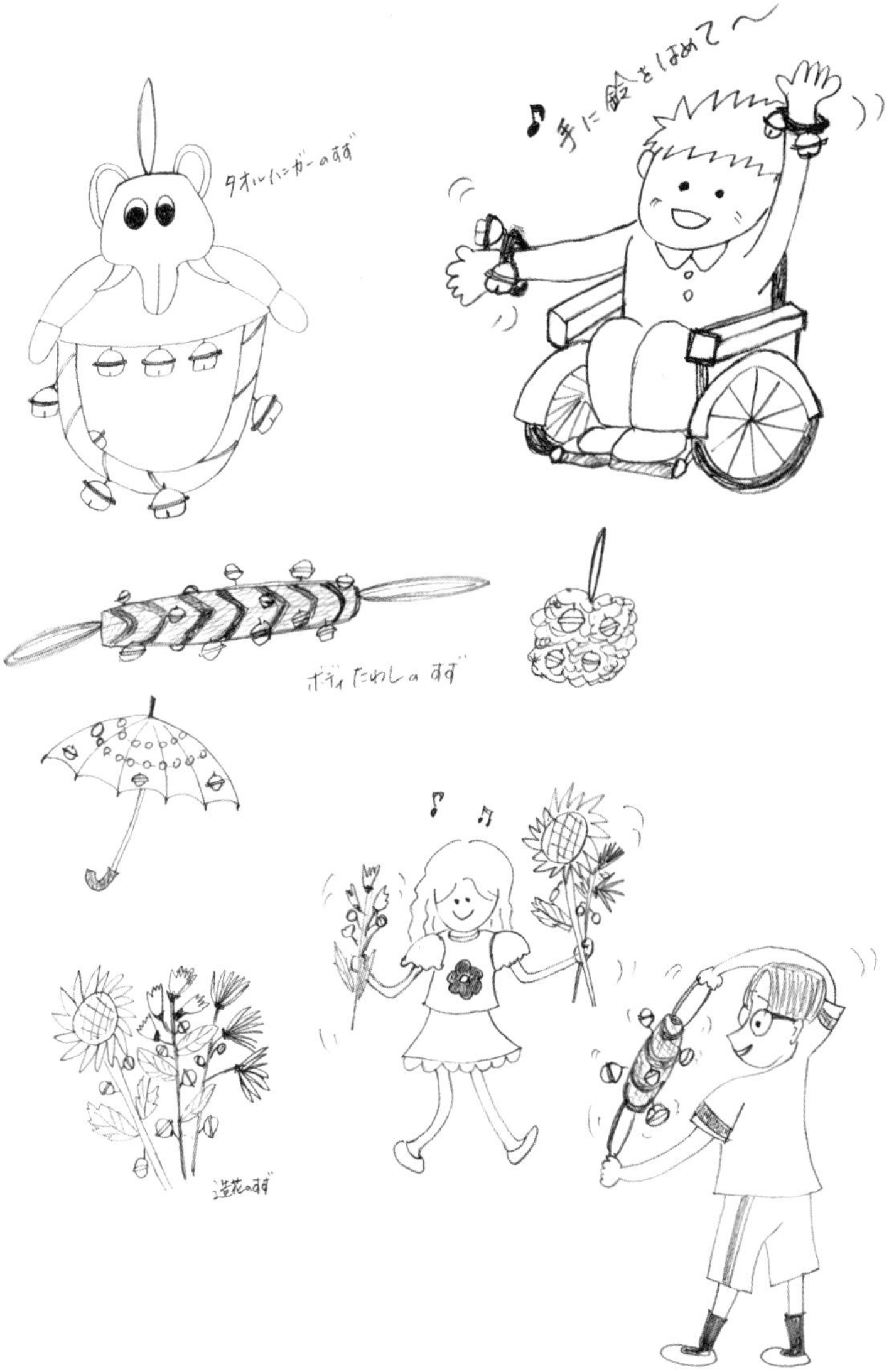

タオルハンガーのすず
♪手に鈴をはめて〜
ボディたわしのすず
造花のすず

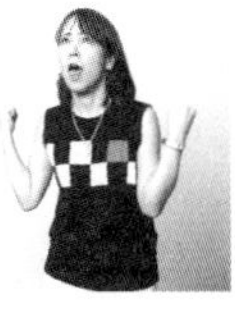

しぬまで

きょう

「よりもどし」がポイント

リボンシリーズ

「ボディイメージ」の獲得や、音楽に合わせて動く（踊る）時に、動きを引き出し円滑にするために「リボン」を活用します。リボンは、「新体操」で使うリボンが理想的ですが、高価なためセッションではなかなか使用できません。そこで『一〇〇円ショップ』で材料を購入し、手作りをします。

（一）園芸用品売り場で、直径一センチぐらいの丸い木の棒を三十センチから四十センチの長さ購入します。リボンは五センチ幅ぐらいのものを探すか、端切れを購入します。素材はキュプラなどが良いでしょう（色々な布地で試してみてください）。テグスと釣り具の「よりもどし」を購入します。「よりもどし」をつけて、リボンがスムーズに動くようにするのがポイントです。

（二）手首を上手に返して動かせない段階の子どもには、まず上下に動かすことを目的として、「うちわリボン」を作成しました。これは、中国の京劇を見ていてヒントを得たものです。うちわに十～十五センチ幅ぐらいに切った布（キュプラ）を貼ります。うちわの周りを切ってしまいます。布の長さは、一メートル弱～二メートルぐらいの間で子どもが操作できる範囲とします。布の色と合わせて布ガムテープの色を選び、うちわに貼り付けます。上下左右に、扇ぐようにして動かして使います。

（三）『一〇〇円ショップ』で色とりどりのスズランテープを購入し、サランラップの芯に十センチずつぐらいテープが出るようにして通します。これを持って踊ります。

とおい

つけた

67 ネタ帳□根岸由香

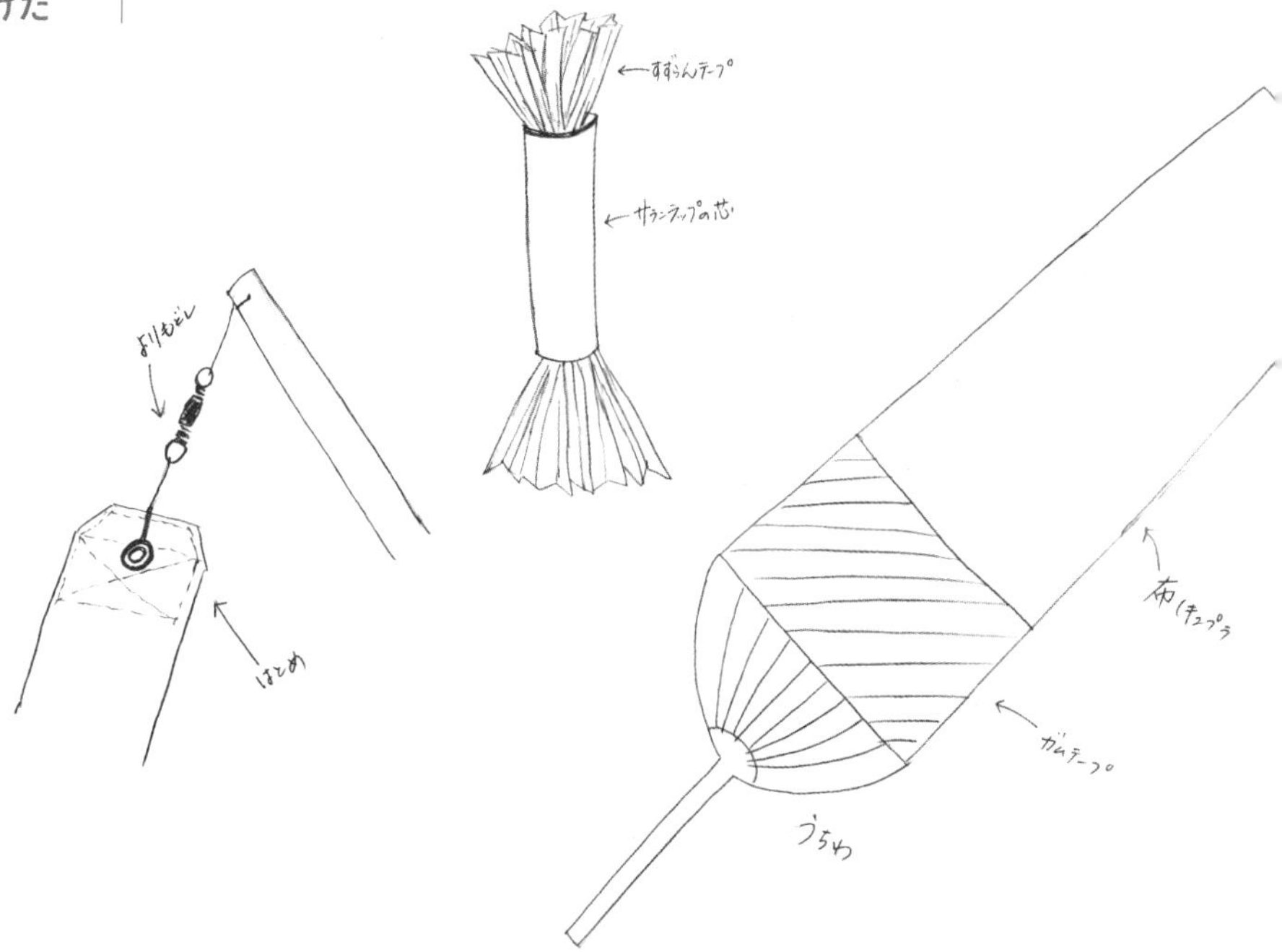

ふたりは

て

マラカスシリーズ

手近に作れる手作り楽器として「マラカス」があります。普段から、公園や海を散歩して、また『一〇〇円ショップ』で買い物をして、マラカスの中身を集めておきましょう。

マラカスの中身は、公園や海で拾った「ぎんなん（拾った銀杏はいろんな色にカラーコーティングしておきます）、数珠玉、小さい貝殻や碁石」や、『一〇〇円ショップ』で買った「ビーズ、ビービー弾、大豆や小豆などの豆類、タイ米などのお米、小さいボタン」などです。

これらを常備しておくと便利です。いろんな形、重さ、大きさなどを混ぜると、振ったときの移動速度が違うので、音が面白くなります。

(一) ペットボトルを使って、「マラカス」を作りましょう。ペットボトルの中に集めておいた中身を入れます。口の所に、発泡スチロールの持ち手をつけます。マラカスの外側は、カラーペンで描いて装飾をするか、『一〇〇円ショップ』で買ったシールなどを貼ります。

(二)『一〇〇円ショップ』でいろんな形のタッパウエアーを購入し、中身を入れます。周りをカラフルなテープで貼ります。たったこれだけで「マラカス」でき上がり。

(三) お弁当用の「ケチャップ&マヨネーズケース」を使って、「たまごマラカス」のような「小さいマラカス」を作ります。ケースの蓋を開け、中身を入れます。蓋が開かないように、瞬間接着剤を塗って蓋を閉めます。フィルムケースを集めておいて、作ることもお勧めです。いろんな「マラカス」を作ってみてください。

とおい

あし

69 ネタ帳□根岸由香

いっしょ

は

あのギザギザを生かす

『一〇〇円ショップ』の浴用用品コーナーにある、靴下洗い用くらいの小さい「洗濯板」を購入します。このミニ「洗濯板」のギザギザを利用して、いくつかの手作り楽器を作ることができます。

（一）「洗濯板」と「美顔マッサージローラー」を使って、「ギロ」にします。「美顔マッサージローラー」というとなんだかおおげさですが、少し大きめの『一〇〇円ショップ』なら、同じような商品が置かれていると思います。この「美顔マッサージローラー」は、持ち手が真っ直ぐなため、まだ上手に手首を回転させて使えない重度の子どもの操作性のトレーニングにバッチリです。楽器活動でバチを持つと、つつくようにして鳴らしてしまう子の動きを拡げるために使えます。

洗濯板シリーズ

板の目に沿って、縦横を自由に鳴らし分けられるようになると、さらに楽しいでしょう。

（二）宇佐川浩先生考案の教材「触覚ビーズ」を作ってみましょう。

洗濯板の両端に穴を五、六個ずつぐらいあけます。その穴に「髪留めのゴム」を通します。「ゴム」に「ビーズ」を通します。いろんな色の「ゴム」と「ビーズ」を用意すると、楽しいオリジナリティー豊かな楽器ができあがります。ビーズ通しをすることにより、手指のトレーニングや集中力の育成にもなります。

ビーズを通し終わると、「ゴム」が外れないように二回結びを行います。洗濯板の周り部分に絵を描くと、さらに楽しい楽器となります。

とおい

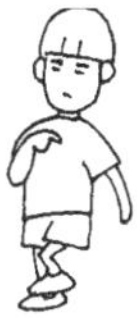

あと

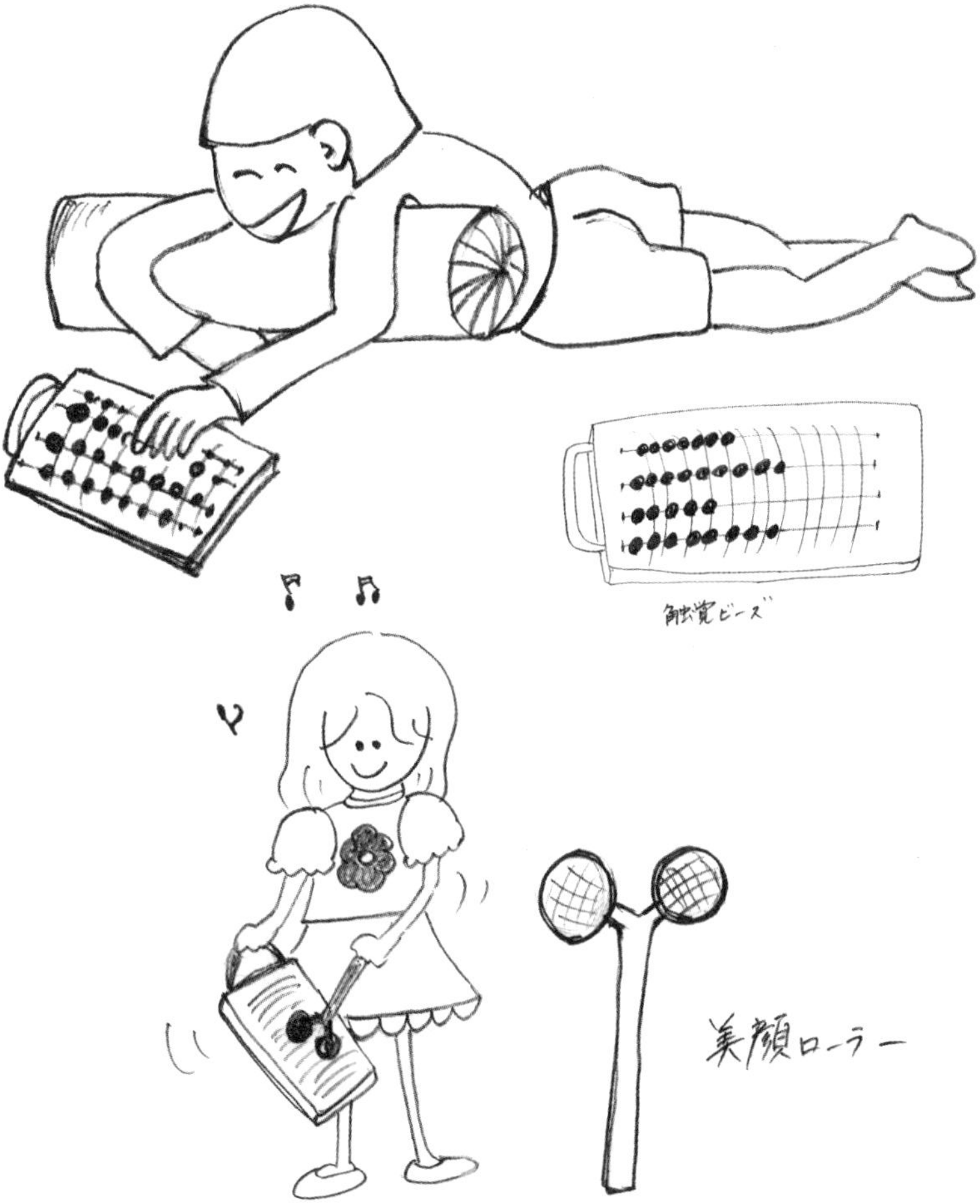
触覚ビーズ
美顔ローラー

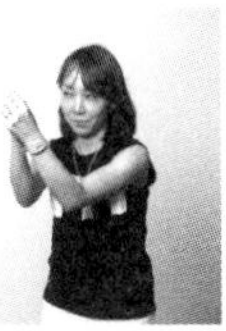

いっしょ

の

サンダルの笛も楽器に

歩くたびに「チュウー」と音の出る子どものサンダルがありますね。あの「音の鳴るサンダル」に入っている笛を使って、いろんな手作り楽器を作ってみましょう。笛は、問屋さんで一〇〇〇個単位で購入することができます。お友達と共同購入すると良いですね（購入ご希望の方は編集部までお問い合わせください）。

『一〇〇円ショップ』で売っている物にこの「笛」を入れて、楽しい楽器をいくつか作ることができます。

（一）「キティちゃん」や「ねずみ」などの「椅子の脚カバー」を見つけます。その中に、「笛」を入れます。たったこれだけで、あっという間に可愛い楽器に変身です。子猫やネズミを押すと

ふえシリーズ

「チュー」という音が鳴るので、「子猫やネズミが鳴いた…」と子ども達から大人気です。

（二）お風呂用の「キャンディ型スポンジ」へ「笛」を入れると、スポンジのどこを押しても「チュー」という音がします。脳性マヒのお子さんなどが、小さい力で押しても音が鳴ります。肢体不自由の子ども達にお勧めです。

（三）ミトン型の「体洗いスポンジ」の中へ笛を入れて、セラピストがそれをはめ、子どもと握手をします。握手をした時、子どもがミトンに触れると「チュー」と音がするので、子どもはその方向を見て意識するようになります。注視行動を誘発するためにも有効な方法です。

また、お風呂スポンジは感触も良いのでマッサージや乾布摩擦などの「触覚刺激の取り組み」にも活用できます。

あなたは

にゃ

73　ネタ帳 根岸由香

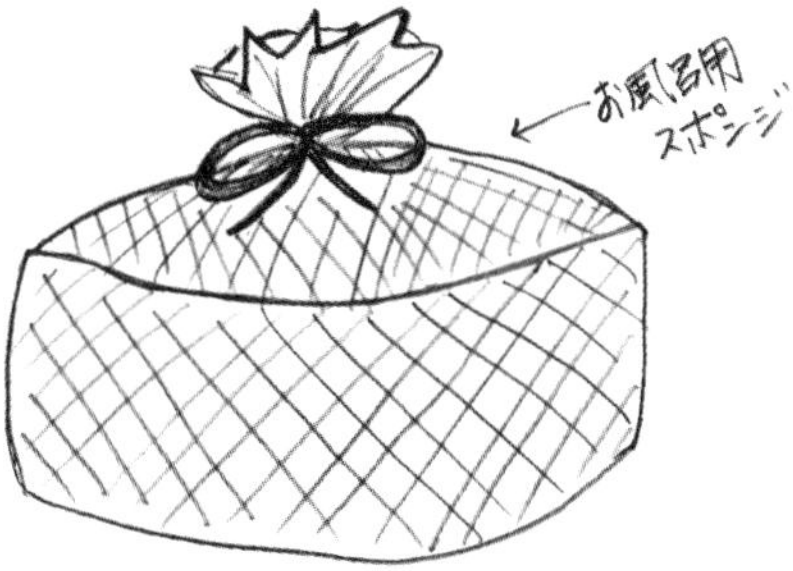

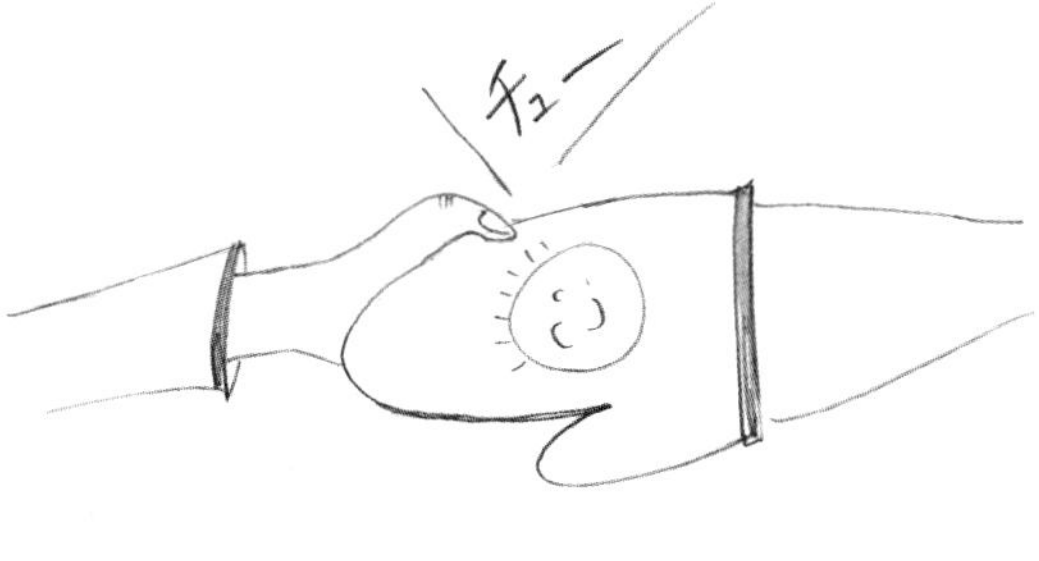

あなた

74

音楽で心の交流を図りたい

田中美歌

私の音楽活動の場は、都内にある肢体不自由養護学校の小学部で行う音楽の時間です。

私は大学で声楽科を専攻していましたが、小さい頃からの夢だった教員を目指すべく、教員採用試験を受けました。何とか合格はしたものの、卒業間近になっても採用先が決まりません。毎日、ハラハラドキドキしていると、現在の勤務先から面接の話がきました。絶対に採用されたいという意気込みで学校を訪れたのですが、校内を見学して、その様子に正直、驚きました。今まで障害を持った子ども達（大人の方とは交流があったのですが）と接する機会がなく、さらに都内でも重度の方の学校だったため、果たして私はここで音楽の授業ができるのだろうか、と不安になりました。でも、突然訪れた私に向かって、笑いかけてくれた子ども達の笑顔に勇気づけられ、また幸運なことに小学部担任として採用され、晴れて養護学校の教員になれたのです。

それでも最初の一年ほど（今もですが）は授業づくりに本当に苦労しました。養護学校の音楽の授業で最も特徴的なことは、そのスタンスの長さでしょう。大学では、中学生向けの、ステップを重ねて授業を進めていくやり方しか教わっていませんでした。ところが、養護学校では、ひとつの曲目・課題に取り組む時間が、とてもとても長いのです。そのため、最初の頃、授業の度に新しい歌や取り組みを行っていたら、先輩からダメ出し指導が入り、授業の計画を一から考え直したこともありました…。

私の授業の流れは、だいたい次のようになっています。

「始まりの歌・あいさつ」「季節の歌（三

きれいな

75 ネタ帳 田中美歌

曲程度）」「行事（遠足・集会など）の歌」「手あそび歌／わらべうた」「楽器あそび」「終わりの歌・あいさつ」です。

これを約一ヶ月で取り組んでいくのです。はじめは、子ども達が飽きてしまわないか、同じ歌を繰り返していて良いのだろうか、と不安でいっぱいでした。でも、実際に音楽活動に取り組み始めると、色々なことがわかってきたのです。

まず、「飽きる」という言葉は子ども達に当てはまらないということでした。小学部では、学年で音楽を行っているので、障害の程度が様々な子ども達が一緒に授業を受けています。すると、障害の重い子には、ゆっくりと歌やメロディーが浸透していき、一カ月という長さがちょうど良いのです。また、障害の軽い子は、たくさんの発見をして、次の授業のヒントを与えてくれました。

武蔵野音楽大学声楽科専攻卒。都立肢体不自由養護学校、小学部担任および音楽担当として勤務（現在は、第二子出産のため育児休業中）。同校で手作り楽器の公開講座を開講。また、音楽之友社「音を楽しむ音楽の旅」他、イラスト挿絵や執筆活動なども行っている

TANAKA Mika

例えば、最初は教員との手あそび歌として取り組んだものが、子どもから友だち同士でやりたいという意見が出て、いつの間にか前の人につながった全員の大きな輪になりました。電車ごっこのような状態で行う、この手あそび歌は、次の時間からお気に入りのコーナーになりました。

子ども達は、常に音楽や活動に対してアンテナを張り、もっと楽しいこと面白いことはないか、全身で感じ取ろうとしています。大切なのは、同じ取り組みでも、子ども達に目線を合わせて求めていることを感じ、一緒に授業をつくっていくことだと気づかされました。まだまだ勉強中の私ですが、音楽を通して「一緒に感じ、発見し、つくっていく」心の交流を大切にした授業づくりを、これからも実践していきたいと思っています。

あなた

76

ら

音のシャワー

シャワーのように色々な音が体中に降ってくる、音を体感できる活動です。用意するものは、大きなタライと椅子が二脚。椅子の間にタライを渡し、空間をつくってください。それから音の素材です。素材は何でも構いません。色々なものを試してみてください。

例えば小豆では、雨のような波のような音がします。少しずつ降らせて小雨にしたり、勢いよく落として嵐のイメージをつくったりしながら、音の変化を楽しんでください。また、小豆を落とす場所も、頭の周辺をグルグル回るようにしてみたり、頭から足に向かって移動させたりするなど、工夫すると楽しめます。

聴く人は、タライの下に横になり、目を閉じます。目を開けていても、降ってくる様子が見えて面白いのですが、音に集中するには目を閉じた方がより効果的でしょう。交代で聴き合いながら、どんな音がしたか、素材が何かを当てっこしてみてください。

音の素材として、水を降らせてみるのも、とても楽しいです。タライの下にいるので濡れることはないのですが（一度、タライに穴が開いていて、気がついたらびしょ濡れに…なんていうハプニングもありました。穴が開いていないか、よく調べてくださいね）、目を閉じていると本当に水の中にいるようで、不思議な気持ちになります。ジョウロから降らせてみたり、大胆にバケツをひっくり返してみたり、色々な水の音を感じてください。

自分たちで素材を探せる子ども達ならば、いくつかのグループに分かれて、発表し合うのも良いですね。うつぶせやタライに耳をつけるなど、聴き方の工夫を話し合うのも楽しいと思います。

イラスト
田中美歌

すきでも

はなが

77 ネタ帳 田中美歌

水をジョウロからジャジャ〜
小豆を雨のように降らせましょう。大きなタライを使えば後片付けも簡単にできます。
ビー玉はポトン ポトンと落として…

おまえ

太

掛かりなのがポイント

く

大発明！　大太鼓叩きマシーン

養護学校の音楽の授業では、楽器あそびの時間も工夫を必要とする取り組みの一つです。握る力が弱かったり、手の操作が難しかったりで、既製の楽器は使いづらいためです。大太鼓叩きマシーンは、大型の楽器に触れてみたいけれど、重いばちを握って叩くことが難しい子のために考えました。仕組みはとても簡単です。ばちにひもを付けて枠に結び、手を放すとばちが大太鼓に当たって音が鳴ります（枠は学校にあったもの。何でも代用できます）。

単純な装置なのですが、登場したときは、その大きさに子ども達はびっくり！　また、説明するときも、開発に一年かかったとか、ひもの長さを中心に合わせるのにとても計算が難しかったなどという私の話を信じて、「世紀の大発明だね」「すごいマシーンだ」、と感心してくれて嬉しく思いました。実際に使ってみると、重度の障害を持った子どもでも、「手を放す」→「大太鼓が鳴る」ということに気づくことができ、歌に合わせてドーンと音が鳴ったときは、みんなから拍手喝采。とても嬉しそうな表情を見せてくれました。

さらに面白かったのは、自分で大太鼓を叩くことができる子も、全員マシーンを使って音を鳴らしたがったことです。手で叩いても音に変わりはないのですが、「何だろう」「やってみたい」という子ども達の興味の強さを感じ、とても楽しく取り組めました（ただ、順番を待って全員が叩いたので、三十分近くかかり…次からは余裕を持って始めるようにしました）。同じ楽器でも、少しやり方を変えると、また違った楽しみ方ができます。マシーン製造過程の苦労をたっぷり話しながら、ぜひ使ってみてください。

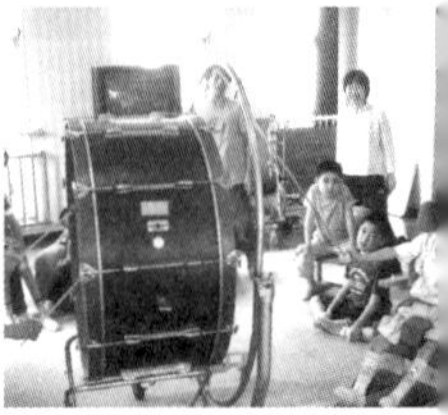

すきでも

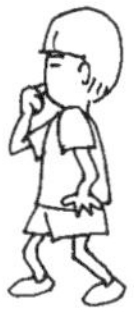

きくで

79 ネタ帳□田中美歌

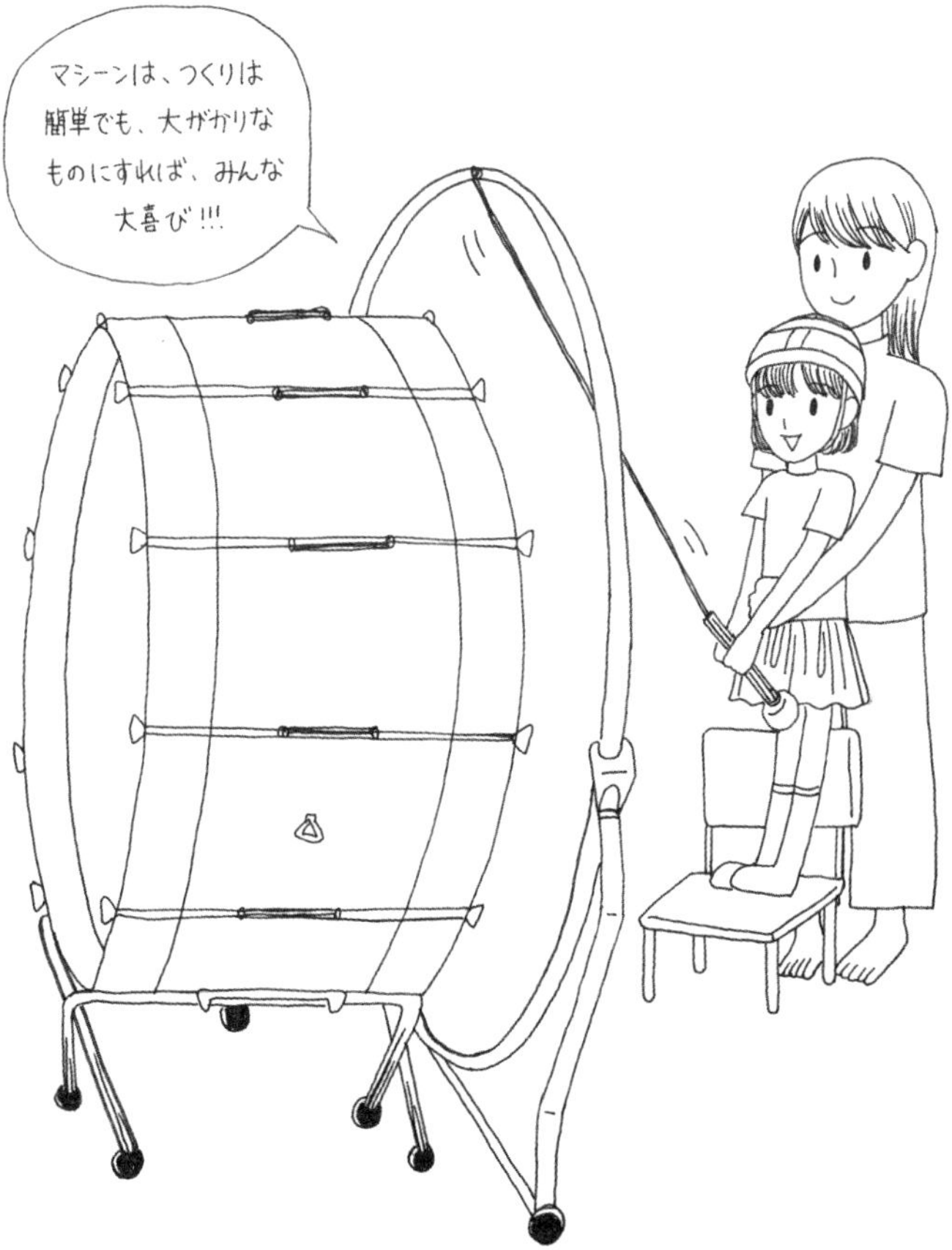

マシーンは、つくりは簡単でも、大がかりなものにすれば、みんな大喜び!!!

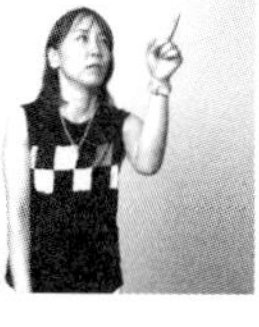

おまえ

ざ

トントントン、何の音？

音に集中して耳を澄ませることができる活動です。また、聞こえてくる音色は、人によって感じ方が違うので、どんな音がしたか、何の音だったか、話し合ってみるのも楽しいでしょう。用意するものは、楽器が隠れる程度のついたて（段ボール箱を開くと、ちょうどよい大きさになります）、楽器（既製の楽器や手作り楽器、紙や石なども音の素材になります。目覚ましの音になるシンバルは入れましょう）。楽器が見えないようについたてで隠し、子ども達はついたてを囲むように座ります。

最初に、わらべうたあそび「あぶくたった」をします。この場合、豆の役は必要ないので、教員から子どもへ、または友だち同士で行います。豆を戸棚にしまった後は、眠るまで何をするか、みんなに聞いてみるのも良いですね。「おやすみなさい」となったら、電気を消してください。これは、子どもから出た意見で、寝るときは暗くするから、だそうです。でも、暗い中で音を聴くことで、より音色に集中できるという良い効果がありました。

ついたての向こうから、ついたてをトントントンと叩きます。子ども達が「何の音？」と聞いたら音を出してください。普通のあぶくたったと違い、何の音に聞こえたか、答えは子ども達が出します。「あ〜、きれいな音だった」のように感想を入れて、次の音に移ります。間をおいて、必ず静かになってから音を鳴らしましょう。

最後は、シンバルを鳴らします。「起きろ〜、朝だぞ」と声をかけて、電気をつけてください。そのあと、自分が気に入った音、もう一度鳴らしたい音などを、みんなで聞き合います。自由に音を感じて、楽しく遊んでください。

わらべうたあそび「あぶくたった」

（顔や体に触れながら手あそび）
あぶくたった　にえたった
にえたかどうだかたべてみよう
ムシャムシャムシャ
まだにえない
（何回か繰り返す）

あぶくたった　にえたった
にえたかどうだかたべてみよう
ムシャムシャムシャ
もうにえた

（ついたての向こうにしまうような素振りで）
とだなにしまって　かぎかけて
ガチャガチャガチャ

ごはんをたべてモグモグモグ
（口の周りを触る）
おふろにはいってゴシゴシゴシ
（体をこする）
パジャマにきがえて
おやすみなさい
（電気を消すのも面白いです。より音に集中できます）

いくら

しょう

81 ネタ帳□田中美歌

トントントン、何の音?

(ついたてを叩いて)
トントントン
(みんな)
なんのおと?
(ついたての向こうから音を鳴らす)

(どんな音だったか、みんなに聞いてみます。正解にこだわらず、自由な発想や感想を受け止めましょう。例えば、大太鼓=お母さんが怒った声、リコーダー=やかんの音など)

(ついたてから楽器を出す)
○○のおと!
(全員で)
あ〜、おもしろかった(音の感想)
※音を鳴らしながら、みんなのところを廻る。
※この流れを繰り返し、色々な音を味わう。

最後はシンバルの音でみんなを起こす
(目覚まし時計風に)
起きろ〜、朝だぞ!
(電気をつける)

楽器あそび
(もう一度全部の楽器を出し、気に入った楽器を鳴らしてみたり、音色を楽しんだりしましょう)

めおとみち

わり

お笑い芸人のネタにヒントあり

智田邦徳

この不況の日本で音楽療法という少々マイナーな職種の、しかもどこにも属さずにフリーで動いている身としては、「月に一度でいいです」と言われるよりは「毎日でも構いません」と言われるほうが嬉しい（私は常勤ですが）。しかし、よっぽど手持ちのアイデアや活動のレパートリーが多い人でも限りある資源はいずれ枯渇する。日を追うごとにマンネリという恐ろしい底無し沼が近づいてくるのだ。そんな時、人は強迫的に目新しい活動や斬新なセッションを追い求めるものだが、そこばかりに目をとらわれていると「その時点で対象者にとって本当に必要なもの」を見失いがちになる。

ここでは「新しい活動」を「対象者にとって必要かどうか」という視点で選別し、最終的に残ったいくつかのアイデアを紹介したいと思う。

■発音練習いろんな『あ』

病棟のセッション導入時にいつも行っている準備体操や発音練習は「いかに学校臭さを払拭させるか」が成功のポイントなのだが、テレビや演芸場などで見たお笑い芸人のネタからヒントを得る場合がこの頃多い。

この活動は一昔前のダ○ンタ○ンのCDに入っていたコントを参考に、ただ漫然と声を出すだけではなく『あ』という発声ひとつにも表情をつけたらどうか、という発想で始めたのだが、「楽しい声で『あ』と言いましょう」とか「寂しそうに『う』と言いましょう」と言った指示では対象者も具体的なイメージがわかず、活動自体も全く盛り上がらなかった反省もあり、改善策を長い間模索していた。

具体的な指示とは？ と思案した結果、これまたお笑い芸人（いつ○ここ

いくら

うでを

83 ネタ帳■智田邦徳

昭和42年秋田県生まれ、日本大学芸術学部卒。来年、宮城県仙台市にある宮城学院女子大学で開催される第6回日本音楽療法学会大会の実行委員長として、一年前なのにもう多忙な日々。身も細る思いです

○ら、とか鉄○など）が持っていたスケッチブックをヒントに、実際に人間の様々な感情が顔に出ている絵を描いて提示する方法を考えた。

まず最初に「おどろいた時の」と油性マジックで書いた太字画面、すぐに驚いた表情の絵を見せ、大声で『あ』と発声してもらうのだが、やはり絵を見ながらだと同じ表情を真似して声を出すので対象者も大声になる。「がっかりした時の」という絵を見せながら声を出すと、本当にしょんぼりしながら消え入るような声になる。とても面白い。

この他に「怒った時の」「納得した時の」などのバリエーションもあるが、指示が物凄く細かかったり、あまり共感できない指示だと逆効果の場合もある。「いやらしい中年オヤジがセクハラまがいの声で」とか「バカだと思っていた我が子が初めてテストで一〇〇点をとった時の声で」などは、ちょっと悪ふざけが過ぎたと反省している。

CHIDA Kuninori

■回文

早口言葉は、カツゼツを良くするため一時期頻繁に行っていた。しかし人は飽きやすいものである。早口言葉以外にも何か面白い言葉遊びはないかと色々探してみたが、上から読んでも下から読んでも同じ回文が良かろうと同僚数名でネット検索。昔からあった「たけやぶやけた」「わたしまけましたわ」の他に、誰が考えたのかユーモアたっぷりの回文がたくさんあり、さっそくセッションに取り入れた。

キーボードのリズムを速いテンポに設定してぐいぐい煽りながら、七五調で掛け合いをすると、年配の方も調子よくリズムに乗れるので盛り上がる。文字だけで提示しても良いのだが、面白おかしく描いた絵をつけてみた。

めおとみち

回文

84

ゆき

勝《か》つまで待《ま》つか

田《た》植《う》え唄《うた》

色《いろ》白《しろ》い

留《る》守《す》に何《なに》する

「イエイ」と言《い》えい

色《いろ》黒《くろ》い

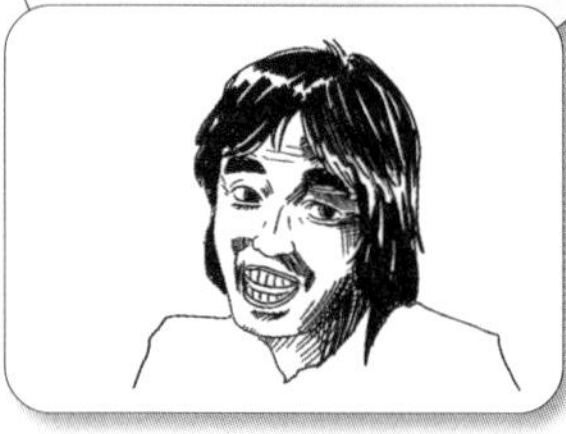

と

ふって

85 ネタ帳□智田邦徳

よく笛《ふえ》吹《ふ》くよ

椎茸《しいたけ》大使《たいし》

傷《きず》ある小豆《あずき》

元《もと》・ミス住友《すみとも》
元ミス住友

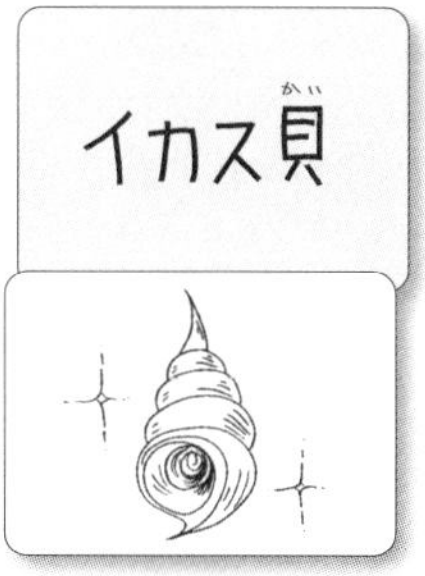
イカス貝《かい》

おさまれ正男《まさお》

めおとみち

く

飼《か》い慣《な》らしたブタ
知《し》らないか

ニワトリ永久《とわ》に

ゴン太《た》のタンゴ

囲碁《いご》するアリス
リアル！すごい！

痴漢《ちかん》トンカチ

丸出《まるだ》しダルマ

と

87 ネタ帳□智田邦徳

あしを

とびこめ小人《こびと》
4
5

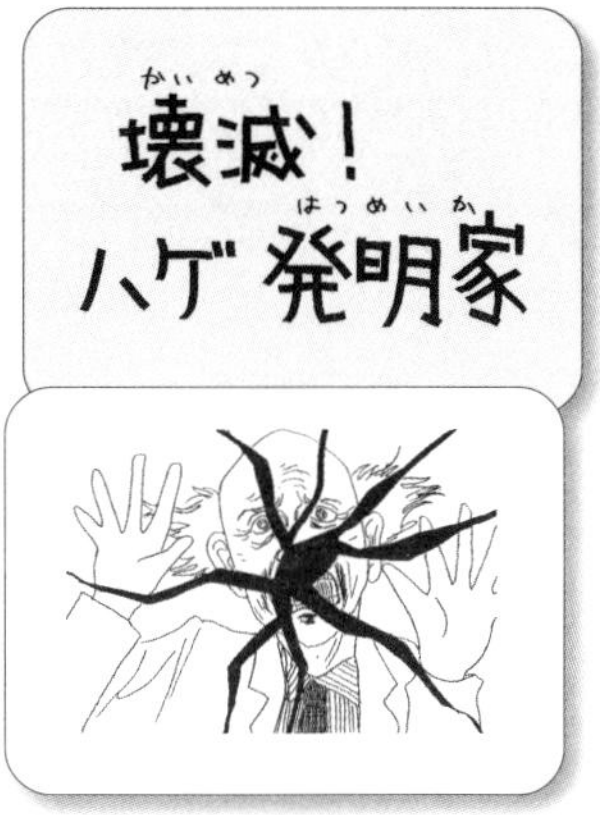
壊滅《かいめつ》！
ハゲ 発明家《はつめいか》

あ！
サンダルダンサア

利子《りし》はつける
ケツは尻《しり》

痛《いた》いお腹《なか》
なお痛《いた》い

石川《いしかわ》 可愛《かわい》い
若々《わかわか》しい

めおとみち

88

みや

指圧《しあつ》まっ足《あし》

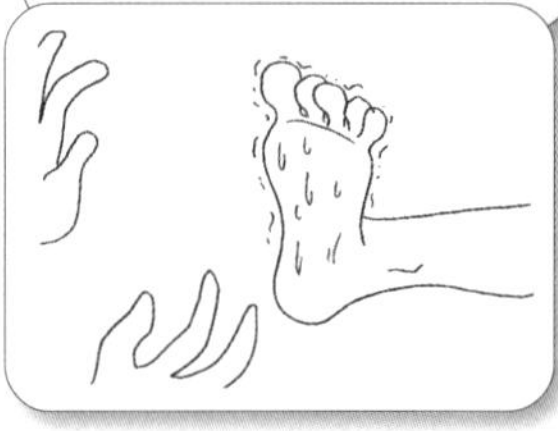

冷《さ》めたのね？
金《かね》のためさ

とーさん小鳥《ことり》と
コンサート

くどくど口説《くど》く

よすんだ下品《げひん》
ヒゲダンスよ

住《す》まいは田舎《いなか》
家内《かない》はいます

はぶみな

あげて

発音練習 いろんな「あ」

死体《したい》を発見《はっけん》

がっかりした時《とき》の

おどろいた時《とき》の

色《いろ》っぽい♡

怒《おこ》った時《とき》の

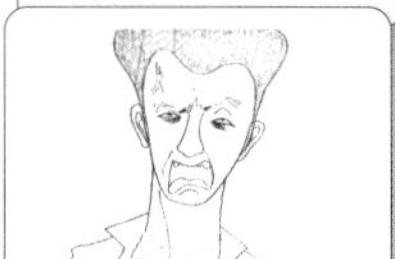

納得《なっとく》した時《とき》の

いのち

90

さん

「ちょっと嬉しい伴奏」が弾きたい

平田紀子

子供の頃小学校のオルガンで、TVのCMやアニメの主題歌をよく適当に真似して弾いていました。二人、三人と友達が集まってきて、あれ弾けこれ弾けと注文する。弾きながら音ギャグも入れる。皆でゲラゲラ笑いながら合唱。

家の中には唱歌から洋楽、小唄や浪曲まで節操なく流れていて、歌謡番組も家族揃って見たものです。当時はアイドルも演歌の人も同じ番組に出ていました。この頃の曲は今もそらで歌えるので、長期記憶、侮り難しです。

十代になるとお決まりのように仲間とバンドを組み、ポップスを耳コピーしたり、曲を書いて編曲しデモテープを作ったり。ドラムやベースのパートアレンジはこの頃何となく覚えたような気がします。

オールドジャズがずっと好きだった流れで、古い映画に興味を持ち、大学の時に名画座で映写のバイトをしました。邦画も映していたので、そのあたりから日本の懐メロをよく聴くようになります。

すると邦画から突如、伝統芸能に目覚め、歌舞伎（値段の安い席）や落語にはまり、お囃子や長唄がのべつ耳に入るようになりました。「当て振り」はこの頃、寄席の色物の高座で見て初めて知りました。

道楽三昧の日々です。両親には心配をかけました。音大の時のピアノの先生ごめんなさい。実はクラシックも普通に好きでした。ラヴェル、また弾きたいです（編集の芹澤さんから「前がきにはこれまでの遊んだ経験を書いてね」と言われ、始めたものの懺悔の文章になってしまいました）。

しかし、これらのことが、大人になっ

はぶみな

91 ネタ帳□平田紀子

パン

て今の仕事に役立つとは、当時、夢にも思いませんでした。

さて、現場で対象者の歌唱伴奏を長年弾いてきましたが、思うのはいつも「歌いやすい伴奏」「ほどのよい伴奏」「ちょっと嬉しい伴奏」です。

対象者が安心していい気分で歌える。知らず知らずに乗って歌える。だから「歌わされる」のではなく、声も自然に出てくる。でも対象者の歌声を押しのけて前に出過ぎる伴奏ではなく、適度な音量や音の厚み、ペダルの使い過ぎに注意するなどの配慮。そしてオリジナルの雰囲気をそこなうことなく、時にはアレンジによって曲が生き生きとしたりおしゃれになったりする、創意工夫が大事だと思うのです。

流行歌などを弾く時は、事前に一回でもCD等で原曲を聴いてみてください。雰囲気がわかります。歌う対象者は、その曲の「実物」を聴いてきた人たちです。知らない曲を譜面だけ見て弾くばかりでは、「他人事の伴奏」になってしまい、申し訳ない気がします。

最後に、前出の「当て振り」は、高齢者の現場で、童謡に合わせ、お遊戯をさせるような活動を見て大きな憤りを感じ、駆け出しの頃、新たに開発したものです。

かつてはお座敷遊びでも見られた大人向けの振り付けを、同音異義語などのギャグを用いつつ、皆で笑いながら行なう身体活動。各地で受け入れられ評判もよく、今では対象者自らが振り付けを考案する、という展開も見られます。

東京音楽大学ピアノ科卒。精神科病院勤務を経て、現在、高齢者、精神科、機能訓練の現場で音楽療法を実践。全国の研究会やセミナーの講師として東奔西走する。また、寄席芸人である夫の舞台で編曲、伴奏を担当し、演芸場に出演。エノケン生誕100年のイベントで、三木鶏郎夫人の前でトリローメドレーを編曲、演奏するなど、古典芸能の仕事も。日本演芸家連合所属。東邦音楽大学専任講師、千葉大学看護学部非常勤講師。日本音楽療法学会認定音楽療法士、同学会評議員

HIRATA Noriko

いのち

い

これは誰でも口ずさめるリズムパターンですが、和音を三連符にして左手で全部弾くのは閉塞感があり、歌う方も弾く方も息切れしてしまいます。

また低音部でたくさんの和音を鳴らし続けるのも、費やす労力の割に全体がスッキリ聴こえません。

そこで左手は大まかなベースを弾くことに徹し、右手に三連部分を任せてしまいます。とは言っても右手はメロディーを弾くのに忙しい。ではメロディーの空いている部分に、三連音符の一部分をチャチャッと入れてみます（あくまでも空いている、指が暇な部分です）。

これで、全部の音を弾かなくてもボレロ感が出てきます。

黄門様が、ゆく
「水戸黄門」風ボレロの弾き方

さてここでのポイントは左手のベース。一度五度で上がり下がりする、一見行進曲風のスタイルです。これだけで黄門様がのしのし歩いて、全国行脚をしている様子がよく表れると思います。

水戸黄門

疲れる伴奏型

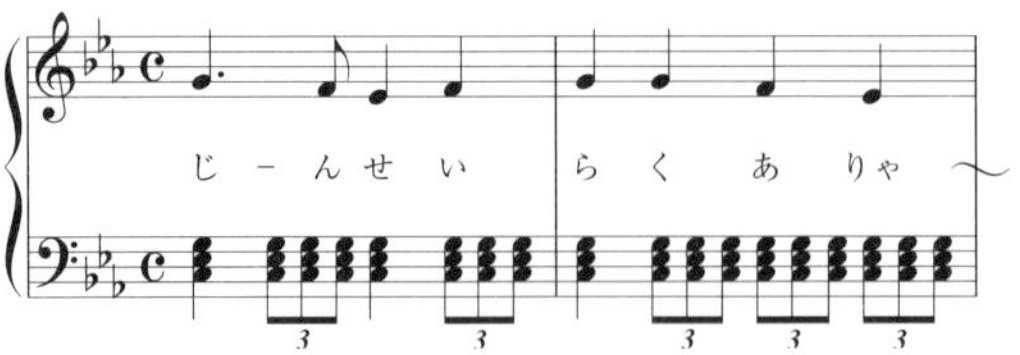

はぶみな

ツー

ああ人生に涙あり（水戸黄門）

作詞　山上路夫
作曲　木下忠司

唄
じ ー ん せ い　ら く　あ りゃ
simile
く ー も あ る　さ

くれ

ブギウギ風のリズムです。時代劇の主題歌がブギというのはとても素敵だと思います。

もっと昔の映画では、例えばエノケンの近藤勇が「ピーナッツ・ベンダー」に合わせて殺陣をやったり、「セントルイス・ブルース」を浪花節と合体させたり。

他にも服部良一の和風ブギなど、大衆音楽における先人の音楽センスには大脱帽です。時代劇とレビューが融合した「狸御殿」シリーズなんてのもありました。そういった映画を今日遅れてVTRで見るたびに、また年配の方から当時のお話を聞くたびに、心から楽しんだ人々の気持ちが伝わってきます。

さてこの曲も、捕物帳が始まるワクワク感を出したいものです。

左手はあくまで歯切れ良く。ペダルは必要ありません。

「銭形平次」 一気呵成のリズミカルなイントロ 平次が銭、投げる

イントロのメロディーの間をぬって入る右手の和音も、スタカートで弾きます。全体的に威勢のよいにぎやかな曲なので、左手は音を重ねずシンプルに、ベースのみを弾く形です。

ただ譜面通りに音をレガートで弾くだけでは、はずんだ雰囲気が出ません。重くならないようにくれぐれも注意しましょう。

七、八小節目は、いわゆる「ブレイク」や「溜め」「間」と呼ばれる部分です。

歌謡曲などのアレンジには欠かせない手法ですが、これがあることによって、伴奏にメリハリがつき、「よしっ、歌うぞ！」という気持ちが盛り上がります。

賑やかな「花のお江戸」に飛び出していく威勢のよさを、ぜひ表現してみてください。

95 ネタ帳□平田紀子

パン

銭形平次

作詞　関沢新一
作曲　安藤実親

くれ

あ

あなたと二人で来たい丘・其の一
「港が見える丘」　ムーディーなイントロ

音楽療法の現場でも老若男女に人気のある「港が見える丘」をジャズ風にアレンジしました。

イントロでは出だしの左手がポイントです。この音列はブルース系のベースで、「古き良き時代」の雰囲気をかもし出してくれます。少し物憂げに弾きたいものです。(ちなみにこのベースを短調で弾くと、「銀座の恋の物語」や「有楽町で逢いましょう」などムード歌謡のサビに使えます)。

コツは「ウッドベースな気持ち」で弾くこと。四分音符を譜面通りレガートに弾くのではなく、太い弦をはじく感じです。四小節目のように少し凝った和声進行もありますが、音数の多いコードを弾く場合、左手は低音部と高音部の二音のみ残し、あとは右手で分担して音を重ねます。こうするとスッキリ響いて素人っぽく聴こえません。

銀座の恋の物語

作詞　大高ひさお
作曲　鏑木　創

短調にするとムード歌謡のサビにも…

ふねはゆくゆく

97 ネタ帳□平田紀子

ツー

港が見える丘（イントロ）

作詞　東　辰三
作曲　東　辰三

ない

98

さく

古い古いタイプの、代表的ブルース・エンディングです。

このようなお決まりの「いかにも」なフレーズは何種類もあり、プロの歌謡バンドやジャズバンドの人たちが聴くと大受けします。

それを遊び心として使うことで、ノスタルジックな雰囲気が盛り上がり、年配者などから懐かしがられることも実際多いのです。

最後の和音は両手アルペジオで、鍵盤の高い方までズラズラッと弾くと、よりムードが高まります。歌の後半部分、「春の午後でした」の手前は先に述べたブレイク。ペダルは離した方が引き立ちます。

あなたと二人で来たい丘・其の二
「港が見える丘」　ムーディーなエンディング

軽快な曲に使えるおなじみのエンディング
別パターン

ふねはゆくゆく

やすまないで

99 ネタ帳□平田紀子

港が見える丘（エンディング）

作詞　東　辰三
作曲　東　辰三

あ　な　た と　わ た し　に　ふ り か－か る　は る　の ご　ご で し
た

ない

ああ、連絡船のひとり旅
「津軽海峡・冬景色」　三連スローロックの秘訣

このタイプの曲は歌謡曲に多く、現場で伴奏する機会が多いと思います。

まず「ついうっかりやってしまう弾き方」から紹介します。

『間違ってないけどもうひと工夫ほしい』譜例①

…左手を上がり下がりのアルペジオで最初から最後まで弾いてしまう。

弾いていて大変疲れる割には、ガチャガチャして歌いにくい伴奏型です。

しかもよく考えてみると、アルペジオには「上がったら必ず来た道を忠実に下りる」規則は全くないのです。

『間違ってないけどもうひと工夫ほしい』譜例②

…三連が頭から離れないので、ブンチャチャチャチャをひたすら弾き続けてしまう。

これは譜例①よりさらに疲労します。ワルトシュタインを弾くより大変かもしれません。左手の分量が多過ぎて、周りにうるさく聴こえる危険性も大です。

またこの二例はいずれも、エチュードの曲をお稽古しているように聴こえてしまいます。

そこで、よりスッキリとした弾き方を解説します。(譜例『モアベター』)

「水戸黄門」の時と同じ、三連符は全部を弾く必要はなく、右手の空いた指でいくつかを弾きます。

肝心なのは左手。単音で、原曲の伴奏バンドでいうとドラムとベースのパートに近いものです。ここをしっかり弾くと、大きなリズムの乗りが体感でき、格段に歌いやすくなります。

譜例『サビ』の左手は、連絡船から見る海峡の、荒涼とした海の広さを表してみました。(このパターンを長調で弾くと、「君といつまでも」の雄大で幸せな海になるので試してください)。

ある

101 ネタ帳□平田紀子

津軽海峡・冬景色

作詞　阿久　悠
作曲　三木たかし

間違ってないけどもうひと工夫 ①

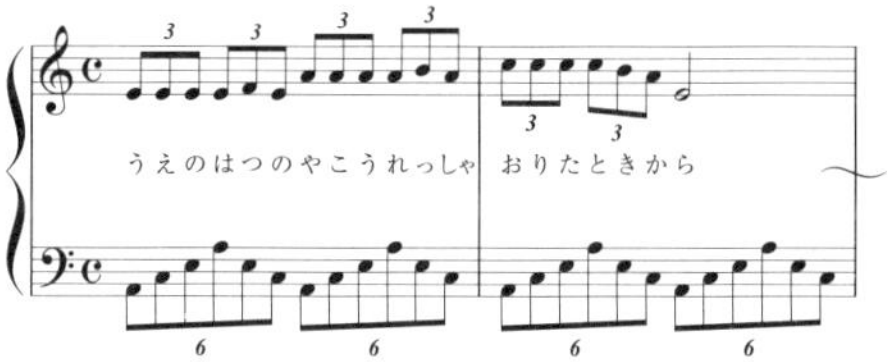
うえのはつのやこうれっしゃ
おりたときから

間違ってないけどもうひと工夫 ②

うえのはつのやこうれっしゃ
おりたときから

(more better こう弾くと、よりスッキリ)

うえのはつのやこうれっしゃ
おりたときから

(サビ)

わ　ー たしーも ーひと
り　れんら
く　せーん ーにの
り

ない

はな

自由な音楽のよろこびを伝えるために

よしだじゅんこ

「音楽療法室・おとのへや」には知的障害や自閉症を持った、子どもから成人までのクライエントさんが通ってきています。また、時には不登校、被虐待などの心の問題を抱えたクライアントさんも通ってきます。「おとのへや」のグループセッションの中では、人と一体になれていること、自分らしいこと、この二つをバランスよくのびのびと自由に感じられることが、よく求められます。

　このようなニーズに対しては音楽療法では即興演奏が重要視され、その効果の高いものとされています（実際に私も、障害児・者領域でも精神科領域でも、非常に効果的だと考えられるケースに数多く出会ってきました）。

　即興演奏では、音を自由に使って心の内を表現したり、人と音を交わすことでコミュニケーションを図ったり、また人と音楽の盛り上がりを感じたり静けさを感じたりして一体感を味わったり……。さらにはグループの中での自分のあり方や、人との関わりを通して自らを知ったり……。私たちはいろいろなことを体験できるのです。

　しかしながら、音楽療法士に「さあ、即興演奏をしてみましょう」と言われて「どうしよう！なにをしたらいいのだろう？」と思うクライエントさんも多いはずです。音楽療法士は音楽の専門的な知識と技術を持っていますが、クライエントさんはそうではないことのほうが多いでしょう。相手がどう感じるのかを想像して音楽療法士は発言し行動しなくてはいけない、といつも考えます。自分らしさと他者との一体感を味わわせてくれる、即興的な要素を含む活動の導入の仕方には、非常に気を使うものです。

そこで私はまずクライエントさんに、必要に応じて次のようなことを伝えるようにつとめています。

・楽器を自由な発想で使ってよいことを伝える。

・音楽＝ドレミ（楽譜または音符）、楽器で鳴らすもの、という公式を崩す（響く音すべてが音楽）。

・即興的な活動が入ってくる場合には、目的（イメージ）を持ってその活動を行うことを伝える。

・セッションにいることに不安がある人には役割分担を明確にする。

・どんなアイディアも有り、ということを伝える（自分のアイディアを安心して出せるように励ます）。

これらは言葉で説明するのではなく、ここで紹介する活動を実際にしながら感じ取ってもらっています。これらの活動には「決まりごと」があるのですが、どれもゆるやかなものです。「決まりごと」、つまり大まかな活動の枠組みの存在は安心感をもたらしてくれます。セッションの中での「決まりごと」は人を評価するものではなくて、不安な場面や知らない場所での人の心のよりどころとなるものとして優しく働いてくれます。特に即興演奏を行おうとする場合には、大きな存在です。

紹介した活動の決まりごとは必ず守らなくては成り立たない、というものでもありませんし、活動として完成させるには一人一人のアイディアや自由で積極的なかかわりが必要になるものです。みなさんのセッションの中で、特に音楽や人との自由で即興的な関わりをうながす場面で使っていただけたら嬉しく思います。

YOSHIDA Junko

上智大学文学部教育学科を経て、同大学院文学研究科教育学専攻博士前期課程修了（生涯教育学）。アングリアポリテクニク大学大学院音楽療法コース修了。英国公認音楽療法士。1998年より音楽療法室「おとのへや」を主宰。個人・グループでの音楽療法セッションを行っている。現在、洗足学園音楽大学非常勤講師。日本演奏連盟会員。日本音楽療法学会正会員。英国職業音楽療法士協会会員

いのち

る

この活動はグループセッションでも、個人セッションでも行うことができます。カズーは音楽療法の中ではあまりポピュラーな楽器ではないかもしれませんが、声を出すことのできるクライエントさんとのセッションで私はよく使います。カズーを通して発せられた声はなんとも不思議な「自分の声だけど、自分の声ではない」ような、響きになって返ってきます。

私たちは生まれてすぐに言葉を喋るわけではなく、長い時間、大人との言葉以前の言葉（喃語）を使って意思や感情のやり取りをしています。それは実に音楽的で、いろいろな音の高低やリズムが交わされているものです。

言葉を得て、大人になってしまうと、私たちがもともと持っていた、とても音楽的なコミュニケーションの方法を忘れてしまいがちです。どんな声のトーンだと喜びが伝わるか、どんな音の硬さだと怒りが伝わるか、どんな息遣いをすると焦りが伝わるか、改めて意識することもないでしょう。

宇宙語で話そう

カズーで言葉を喋るのではなくて、音だけをやり取りすることは、私たちが生まれつき持っている「声の抑揚でコミュニケーションをする」「音を使って心を伝える」ための力を思い出させてくれます。そして、その誰もが持っている力を使って関わりあうことは、不安の少ない、安心した空間を創造することにつながることでしょう。

いろいろな気持ちを込めて、さまざまな表情をつけて、不思議な音を、みんなでやり取りしてみましょう。それは、どこの国の言葉か、どこの星の言葉かわからないけれど、「セッション」という宇宙を共有している仲間だけで通じる言葉（音）なのです。

イラスト
よしだじゅんこ

のせて

それ

105 ネタ帳□よしだじゅんこ

くれ

106

きえ

ハンドベルで乾杯

子どもたちが考え出す楽器の使い方は実にさまざまです。

楽器で音を出す前に「○○の形に似ているね」と言うこともよくあります。

知的障害を持っている子どもたちとのセッションの中で、ハンドベルをグラスに見立てて「乾杯しよう」と誘ってくれた子がいました。楽器の使い方にとらわれないで、ハンドベルの中に美味しい飲み物が入っていると想像しながら、さっそくみんなで乾杯しました。こんな時、何か楽しいときを思い浮かべたほうがもっと嬉しくなれそうですね。

「ハッピー・バースデー・トゥー・ユー」の歌にあわせ、ベルとベルを合わせて乾杯してみる、というのはどうでしょう。

四人のメンバーがいれば、二音ずつ二グループに分けて演奏できます。音楽療法士が乾杯をするグループに合図を出しましょう（楽譜参照）。また「かんぱい！」と声を出すと雰囲気が出るでしょう。

こうした想像力豊かで自由な楽器の使い方は、子どもたちのごっこ遊びを促すことができます。楽器の形にとらわれてしまって、なかなか音を出すことができないクライエントに対しても、聴きなれた音楽にあわせた遊びの中で自由に楽器を使ってみる、などの試みによって、自然に音を出す活動につなげられることもあります。それはまた、音を聴く経験につなげていくことにもなるでしょう。また、楽器の正しい「使い方」や「演奏」にとらわれがちなクライエントに対してはこういった遊びをあえてセッションの中で取り入れることにより、音楽に対する柔軟で自由な接し方の入り口を作ることもできます。

のせて

パン

かんぱい
C
A
グループ1
かんぱい
E
G
グループ2
jun.

ハンドベルで乾杯

Words & Music by Mildred J. Hill & Patty S. Hill

ベル グループ 1
ベル グループ 2
うた
「かんぱい」
「かんぱい」
「かんぱい」
ハッピ バス デイトゥ ユー ハッピ バス デイ トゥ ユー ハッピ バスデイ ディア ○○ちゃん ハッピ バスデイ トゥ ユー

くれ

れも

ぼくのすきなうた

この活動はグループセッションで行います。

子どもたちとのセッションのなかでは好きな童謡やアニメソングのリクエストを受けることがあります。好きな曲を聴いたり、歌ったりすることはそれだけでも楽しくなれます。

音楽療法の中では、音楽療法士がセッションの中の音楽のあり方に大きな影響を与えてしまいがちです。けれどもこの活動では、クライエントが自分の好きな歌を、好きな楽器で、好きなように作り出すことができます。

グループのメンバーの一人が指揮者になって、何の曲をどんな楽器で演奏をしたいか決めます（メンバーの人数分の楽器を選びます）。誰が何を演奏するかは、指揮者をするメンバーが決めてもいいですし、みんなで相談して決めてもいいでしょう。そして指揮者になって音楽をリードします。「曲のこの部分ではこの楽器に演奏してもらおう」「この部分は大きな音にしよう」とか「ここはゆっくりしよう」などを、手や体を使って合図を出していきます。

ふだんの学校生活や音楽のレッスンなどで大人が先に決めてしまいがちなことを、クライエントである子どもたちに主導権を握ってやってもらうことは、責任感を高めることにもなるでしょう。また自分の好きな曲を演奏するために、物事を決定したり、自分のアイディアを人に伝えることにより、積極性を高めることもできます。

順に自分の好きな曲を人と分かち合うこと、そして他者の好きな曲を分かち合うことを繰り返す中で、待つ力や期待感を育ててゆくことができるでしょう。

たよりを

ツー

109 ネタ帳□よしだじゅんこ

ちいさなせかい
なおやくん　しき ★
ゆう　ちゃん　ふえ
あゆみちゃん　すず
しょうこちゃん　マラカス
じゅんこさん　ピアノ
jun.

ない

110

なだ

セッションでお昼寝

お友だちを眠らせよう

トーンチャイムとピアノを使って行う活動です。

わりと人数の多いグループセッションで行うことができます（十人くらいでもできます）。

トーンチャイムの音は五音音階でそろえます。

メンバーのうち五人は輪になって座り、トーンチャイムを一人一本ずつ持ちます。トーンチャイムを演奏する五人以外のメンバーは、床に横になって目を閉じます。

トーンチャイムの音を聴きながらお昼寝をする時間です。部屋の電気を消して少し暗くしたり、カーテンを引いたりしてお昼寝をする雰囲気を出してみましょう。

トーンチャイムは、座っている順番に隣の人に音を渡しながらひとりずつ鳴らしてもいいですし、次に鳴らしてもらうメンバーに目で合図をして音をつなげていってもいいでしょう（音楽療法士はメンバーのトーンチャイムの演奏にピアノなどで伴奏をつけます）。

そのグループのオリジナルのメロディができ上がります。

横になっているメンバー達がトーンチャイムの音楽を聴きながらゆっくりリラックスできるようにしましょう。

グループセッションの中で即興演奏に抵抗を感じる人も、ひとり一つだけ音を出して、みんなで即興的にメロディを織り上げる活動ですから、自然と取り組むことができます。また聴いている人は寝ているので、自分の音を人に聴いてもらえている感覚を、プレッシャーをあまり感じることなく、適度に得ることができます。

たよりを

パン

ない

オリジナルカラオケテープを作ろう

歌唱活動は音楽療法の中でよく行われる活動です。リクエストを受けて、音楽療法士がピアノやギターなどで伴奏する場合が多いでしょう。また、クライエントが歌いながら、打楽器演奏することもあると思います。自分で楽器を選んで演奏することは、自分らしい音楽を豊かに創造してくれます。

けれども、中には、歌、または楽器演奏のどちらかに集中するほうがよいクライエントさんもいます。歌とカラオケが大好きな知的障害をもつ青年とのセッションで、このオリジナルカラオケテープを作る活動が生まれました。

音楽療法士とクライエントで曲にあった（クライアントが無理なく演奏できる）楽器を選び、どんな風に演奏するか相談します（即興性も大切にします）。決まったら音楽療法士のピアノやギターと、クライエントの打楽器のアンサンブルで伴奏をまず演奏し、それをカセットやＭＤに録音します。好きな曲の、自分だけのオリジナル伴奏が入ったカラオケテープができ上がります。できたら聴いてみて、それに合わせて歌います。

オリジナルの伴奏が入ったテープはセッションが終わった後もクライエントが自宅などで楽しんで自分で歌うこともできます。オリジナルのテープは録音を重ねてゆくことでアルバムのようになります。カセットやＭＤのケースを絵や文字で飾って作品として仕上げても良いでしょう。

音楽療法セッションの中で生まれるものはクライエントが終わってから手に触れることができる、目に見える形として残せないことのほうが多いのですが、この活動では自分の作品、記録として残すことができます。

ツー

113 ネタ帳□よしだじゅんこ

① どんな伴奏にするか
どんな楽器をつけるか
相談して決める。
うたの本
② 伴奏を演奏する。
録音する。
③ 聴いてみる。
これでいいかな？
④ 合わせて歌う。
うたの本
jun.

ない

さようならの歌はとても大切です。ひとつのセッションをまとめる、その日最後の音楽の体験として、美しい体験を提供したいと思います。

　この「さようならのうた」は八小節だけのとても簡単なものです。音楽療法士がピアノやギターで伴奏しながら歌いかけることもできますし、クライエントが歌うこともできます。

　グループセッションではひとりずつツリーチャイムなどの、曲の雰囲気にあった楽器を演奏してもらい、演奏している人の名前を「○○さん」のところで呼びかけながら歌ってもいいでしょう。

　この曲は拍子やスタイルを自由自在に変化させることができます。何度も

さようならのうた

同じように繰り返すだけではなくて、さまざまな変化をつけてみましょう。

　また、グループのメンバーがひとり一つずつハンドベルやトーンチャイムを持って、楽譜の上段のように順に鳴らす方法もあります。

　四人だったらひとり一つずつになりますが、二人だったら二本ずつ持って演奏することもできます。「あなたが鳴らす番ですよ」という合図はセラピストがギターやピアノを弾きながら目でしてもいいですし、アシスタントがいる場合には手で合図をしてもいいでしょう。

　また、個人セッションの場合には上段に記された音を鉄琴や木琴などで演奏するか、ピアノの連弾で行うこともできます。隣り合う四つの音を順に鳴らしていく旋律は、簡単ですが調和の取れた響きを体験させてくれます。

パン

115 ネタ帳□よしだじゅんこ

jun.

さようならのうた

作曲　よしだじゅんこ

ベル など
うた
ギター など
C G/B Am G C D Em Am D G
きょうは これで おしーまい きょうは これで さよーなーら
さよなら (　)さん さよなら おんがーく きょうは これで さよーなーら
(演奏例)

ふたり

るい

対象児の望ましい行動を引き出すために

二俣　泉

音楽療法の中で目標とする行動

音楽療法で目標とする対象児の行動は、「音楽行動」と「音楽行動以外の行動」とに大別できます。

「音楽行動」に関する具体的な目標としては、「音楽表現にその人の感情が反映される」「音楽表現が巧みになる」等でしょう。「音楽行動以外の行動」としては、「人と関わる行動の増加」「発音がより明確になる」「読み書きなどの学業スキルの向上」「不適切な行動の減少」等が挙げられます。

望ましい行動を引き出すための基本

療法士は、対象児の望ましい行動を引き出し、強めるための手立てを講じなくてはなりません。そのための基本的な考え方を、以下に示します。

対象児の行動を、「手がかり」「行動」「手ごたえ」「やる気」の四つの要素で捉えます。

行動の結果の「手ごたえ」が好ましいものだった場合、同じ状況（手がかり）のもとで、その行動は起こりやすくなります。また、「やる気」も、行動の起こりやすさに大きく関係しています。「やる気」は、色々なことに影響を受けて増減します。対象者の体調、興奮・覚醒の度合い、「手ごたえ」に飢えているか／飽きているか…様々な要因が、やる気の度合いに影響を及ぼします。

音楽は、手がかりにも、手ごたえにも、やる気に影響を与える刺激にもなります。療法士は、「手がかり」「手ごたえ」「やる気」に働きかけ、対象児の行動が望ましい行動が増えていくように導いていきます。

「字を書くことを練習する音楽活動」（一一八ページ）は、図①のように説明できます。

黒板に書かれたお手本の字（手がかり）を見て、対象児が字を書きます（行動）。もし上手く書けたら、その書けた成果そのものが「良い手ごたえ」になります。また、療法士は、「いい名前〜」とうたうことで、その行動を祝福しようとします。

ツー

1966年東京生まれ。国立音楽大学器楽学科卒、同大学大学院（音楽教育学専攻）修了、筑波大学大学院（障害児教育専攻）修了、ノードフ・ロビンズ音楽療法オーストラリア卒。日本音楽療法学会認定音楽療法士。現在、東邦音楽大学専任講師。日本大学芸術学部非常勤講師。著書：『音楽療法の設計図（春秋社）』『標準音楽療法入門・下（共著、春秋社）』『音楽療法曲集・静かな森の大きな木（共著・春秋社）』『音楽療法士3つのオキテ（音楽之友社）』ほか

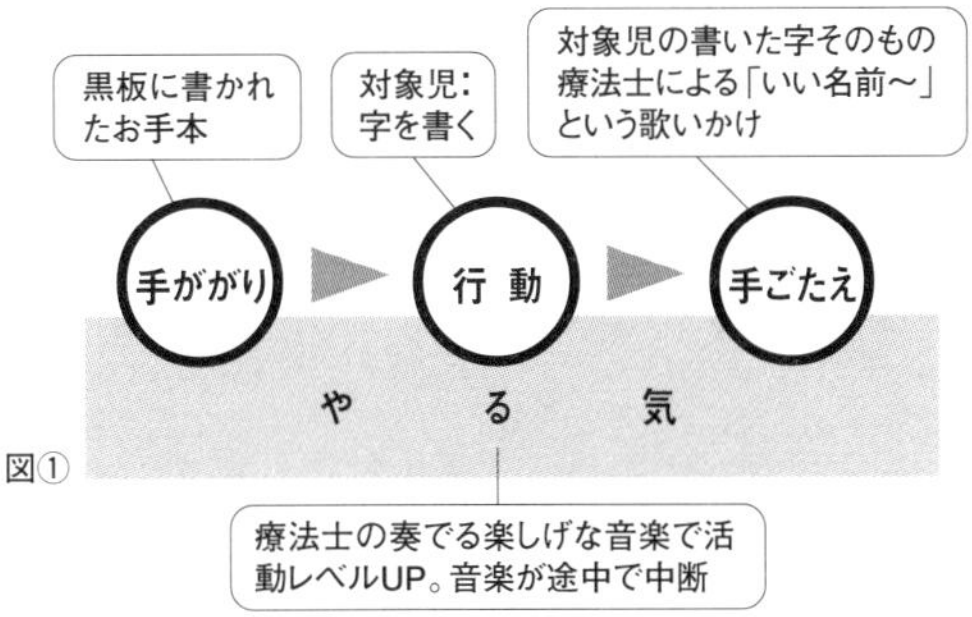
黒板に書かれたお手本
対象児：字を書く
対象児の書いた字そのもの
療法士による「いい名前～」という歌いかけ
手がかり
行動
手ごたえ
やる気
療法士の奏でる楽しげな音楽で活動レベルUP。音楽が途中で中断
図①

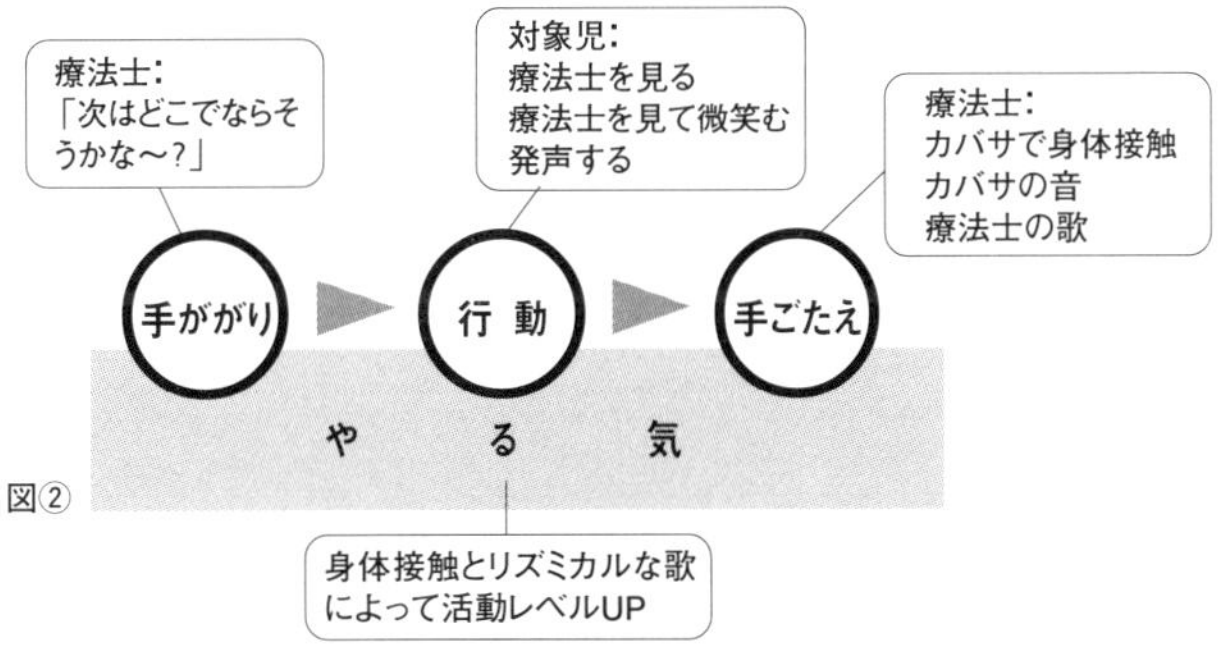
療法士：「次はどこでならそうかな～？」
対象児：療法士を見る 療法士を見て微笑む 発声する
療法士：カバサで身体接触 カバサの音 療法士の歌
手がかり
行動
手ごたえ
やる気
身体接触とリズミカルな歌によって活動レベルUP
図②

FUTAMATA Izumi

また、この活動でうたわれる歌は、書字行動の前でいったん中断されます（ここで、音楽が続いて欲しい気持ちにさせ、やる気を高めようとしています）。対象児が書いた後、音楽の続きが流れ、音楽が完成するわけです。

カバサを使って、笑顔を引き出す（一二〇ページ）は、図②のように説明できます。療法士が、「どこでならそうかな」と声をかけます（手がかり）。対象児が、療法士を見たり、微笑んだりしたら（行動）、その直後に、対象児が喜んだり、くすぐったがる場所でカバサを擦って音を出します（手ごたえ）。

「楽器呈示における『焦らし』」（一二四ページ）は、上記の図式のうちの「やる気」を高めることを目指した手続きです。楽器の「手ごたえ」としての価値を高めることで、対象者が「楽器の音を聴くこと」「楽器を演奏する行動」が起こりやすくなるような配慮なのです。

ふたり

あか

字を書くことを練習する音楽活動

就学前の、軽度の発達障害の子どもの音楽療法でおこなった活動です。

　子どものお母さんは、就学を翌年に控え、子どもが自分の名前を書けるようになれるといいな、と言っていました。そこで、楽しく字を書く練習をするための曲を考えました。

①曲の［A］をうたう。

②黒板に、名前を書いてもらう（左の絵を参照）。上にお手本を書いておき、下にマスを書いておく。個人セッションならば、小さなホワイトボードや、机の上に置いた紙でも可。

③みんなで、その子どもの名前をゆっくりと読み上げる。

④曲の［B］をうたう。

なまえをかこう!　　作曲　二俣　泉

A
F Gm/F F B♭ C Am B♭ Am Dm
なまえ　なまえ　なまえをかこう　どんなじかな？
B
Cdim C7 F
いいなまえ

みっか

119　ネタ帳□二俣　泉

パン

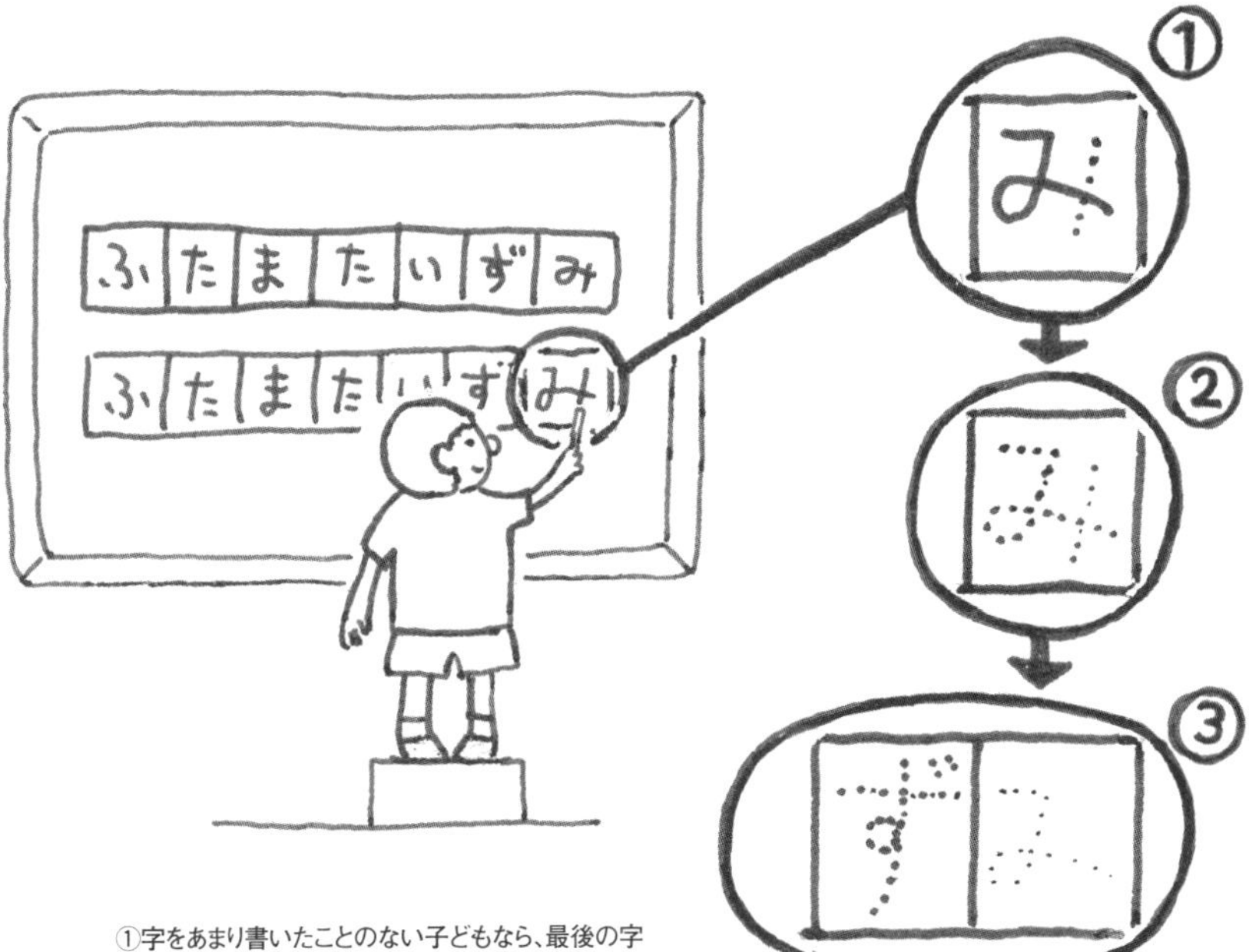

①字をあまり書いたことのない子どもなら、最後の字の、最後の「ひとふで」だけを書いてもらう。マスの中に、最後の1文字以外のすべての字を書いておく。最後の「ひとふで」のみを点線で書いておく。子どもは、最後の「ひとふで」をなぞりさえすれば『名前が完成する』経験ができる。
その「ひとふで」がなぞれたら…

②次のセッションでは、最後の字を全て点線で書いておく。これが書けたら……

③最後の2文字を書いてもらうことにする。最後から2番目の文字は点線、最後の文字は点線を薄くする（もしできそうならば、空白にしておいても良い）。
　このような手順で、次第に文字数を増やしていく。

イラスト
二俣　泉

ふたり

カバサを使って、笑顔を引き出す

かく

カバサは、ラテン音楽で用いるパーカッションのひとつ。片手でチェーン部分をおさえ、もう一方の手でグリップを持ち、その手をひねることで、音を出す楽器です。身体で擦って音を出すこともできます。いろいろなサイズ、形がありますが、小型の「ミニカバサ」が扱いやすくて便利です。

・子どもの身体をこすってならす

療法士がカバサで子どもの身体をこすって音を出すことで、子どもの笑顔を引き出し、関係を深めていけることも少なくありません。

ただ、療法士が急激な動きや、激しい動きを見せると、子どもが不安を覚えることがあります。最初の段階では、慎重に、少しずつ触れていくのが良いと思います。

・曲にのせて、相互的なかかわりへと発展させる

ある程度、カバサでのやりとりに馴れてきたら、曲にのせて活動を展開させても良いでしょう。一二二ページで紹介している「カバサをならそう」は、子どもとの関わりを深めるのにも便利な曲です。

療法士が「次はどこでならそうか？」と聞きつつ、歌にのせて身体のあちこちでカバサをならします。「お腹かな～」とか「脇！」とか言いつつ、子どもがくすぐったがる身体部位で擦ると、子どもの笑顔が引き出され、楽しいやりとりに発展できるでしょう。

役割を交替して、子どもがカバサを持ち、療法士の身体を擦る、という活動にしてみても良いかも。

みっか

ツー

121　ネタ帳□二俣　泉

ずれ

122

わ

カバサを使った「発音」の練習

ダウン症の子どもとの音楽療法でおこなった活動です。その子は、たくさんおしゃべりをしてくれるのですが、発音が明瞭でないことが多く、ことばが聴き取りにくかったのです。発音の練習が必要でしたが、自分の発する音を逐一直されるのは、とても嫌な経験でしょう。発音の練習は、子どもが楽しく取り組めるような方法でなければ。

そこで、歌を使うことにしました。

①子どもが、カバサを多様な身体部位を使ってならす。

②ワンコーラス終わると、療法士が「どこでならす?」と尋ねる。

③子どもがその身体部位を答える。発音が不明瞭だったら、療法士が口の形・舌の動きを見せながらお手本を示し、対象児はそれを摸倣する。

④歌にのせて、その身体部位の発音を練習する。

カサバをならそう

作曲　二俣　泉

C C/E Dm Am/G F G Em Am Dm G C
カ バ サ を な ら そう ラ
あ た ま で
か た で

みっか

123 ネタ帳□二俣　泉

ずれ

青い山脈

作詞　西条八十
作曲　服部良一

楽器呈示における「焦らし」

子どもの小集団の音楽療法で、楽器を使用することがあります。そんなとき、楽器をどのように呈示するかで、その後の展開に大きな影響があります。

楽器をいきなり、ババーンと見せることもありますが、私はよく、もったいぶって、焦らすことがあります。呈示する楽器の「価値」を、「焦らす」ことで高めようとするわけです。

簡単に手に入るもの、身近なものよりも、より手に入り難くて、でも面白そうなものの方が、より「価値」が高く感じられます。

「焦らし」は、楽器の魅力を高めるための演出なのです。ただ、この「焦らし」も、呈示する全ての楽器でやったら、「またかよ」と思われてしまいます。

また、待つのが苦手な子どもにとっては、待たされる活動ばかりでは苦痛でしょう。セッションの中の、『ここぞ』という場面で、思いっきり焦らす。そんな感じが良い頃合かもしれません。

焦らしの方法

・楽器を袋やケースに入れておく
・療法士が袋（or ケース）を覗く。
・袋やケースから出すときに、ゆっくり出す。
・楽器を取り出した後、療法士が期待に満ちた、いたずらっぽい顔をしながら、音を出そうとして…でも、出さず…うふふっと微笑む

以上のような方法を、子どもの反応を見ながら、組み合せていく。

このとき、療法士が、あまり説明をしないことがコツ。沈黙、「間（ま）」を上手に使おう。

アンコ椿は恋の花

作詞　星野哲郎
作曲　市川昭介

125 ネタ帳□二俣　泉

おわり。

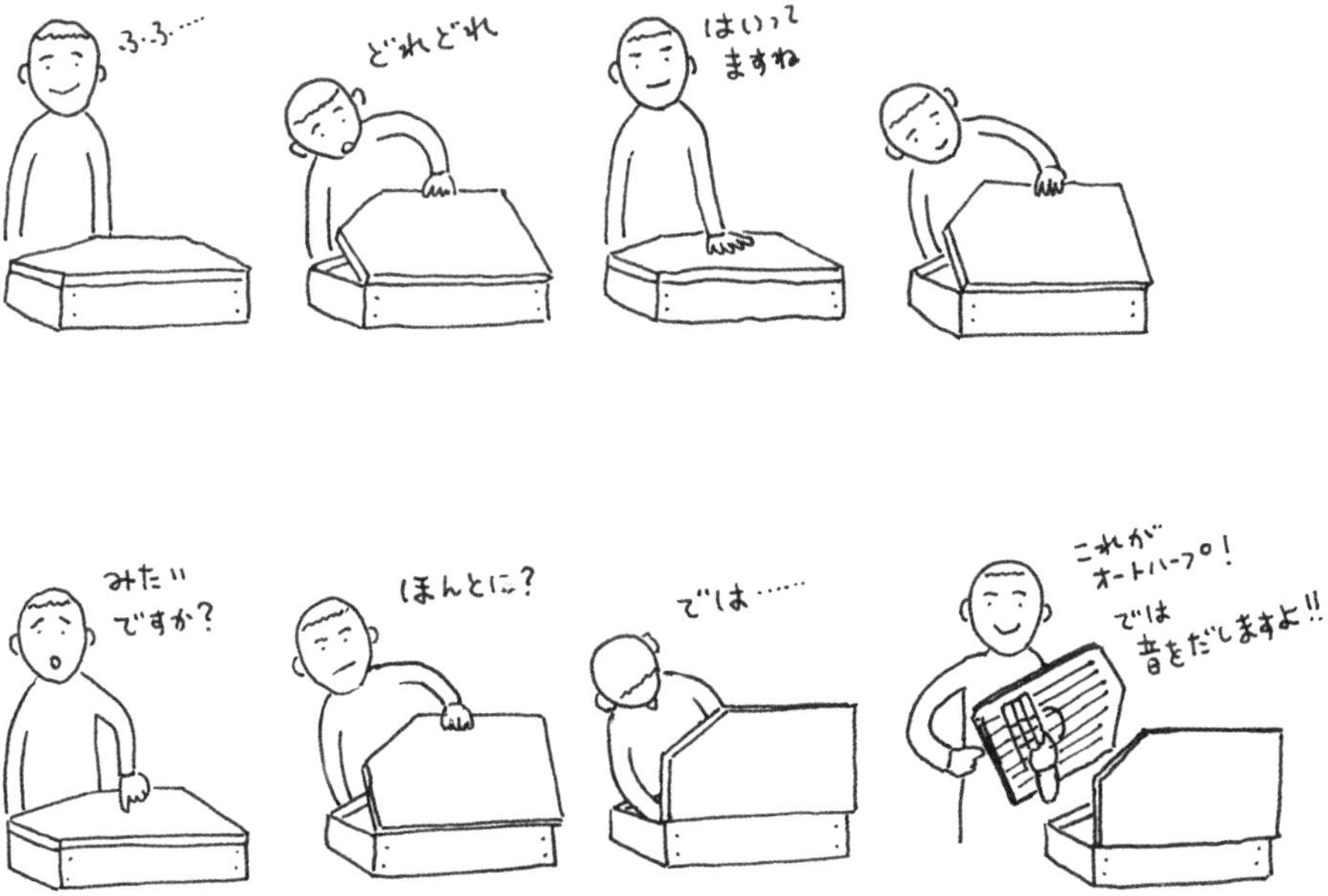
ふふ……
どれどれ
はいってますね
みたいですか？
ほんとに？
では……
これがオートハープ！
では音をだしますよ!!

ずれ

音楽之友社の音楽療法関連書籍

音楽療法 ケーススタディ〈上〉〈下〉

世界数か国からの療法事例報告。状況は多岐に渉っているが、どのケースも長期経過を記録した。学ぶことの多い得がたいテキストである。

ケネス・E・ブルシア編

〈上〉児童・青年に関する17の事例
酒井・よしだ・岡崎・古平訳
A5・288頁・定価2940円

〈下〉成人に関する25の事例
よしだ・酒井訳
A5・400頁・定価3990円

ドナルド・ミッシェル
ジョーゼフ・ピンソン
清野美佐緒・瀬尾史穂訳
A5・176頁
定価3360円（本体3200円）
ISBN978-4-276-12250-5

音楽療法の原理と実践

アメリカにおける先駆者、ミッシェル博士と高弟ピンソン教授による標準的テキスト。対象領域、ガイドライン、アセスメント、治療計画、ストレス・モデル、倫理綱領など。各章末に復習問題を掲載。

音楽療法を考える

作曲家でもある著者が「音楽療法とは何か」という根本的なテーマを、世界中のさまざまな療法家や芸術家の活動に照らしながら問う。現場では常識とされていることを改めて問い直し、最新の研究潮流にも触れる。

若尾　裕 著
四六・184頁
定価1890円（本体1800円）
ISBN978-4-276-12269-7

M・プリーストリー
若尾 裕・多治見陽子・古平孝子・沼田理衣訳
A5・344頁
定価3570円（本体3400円）
ISBN4-276-12277-5

分析的音楽療法とは何か

フロイト、ユング、クラインなどの精神分析理論に基づいた「分析的音楽療法」を、創始者の著者が、基礎・治療関係・音楽・理論などの側面から説明。

音楽療法士 3つのオキテ

音楽療法士、音楽療法士を目指す人の実践ハンドブック

音楽療法関連の実践と実際に即した貴重なハンドブック。現場に立つ音楽療法士が納得・感心する話題満載。ハウツーではなく信頼性ある内容。

二俣　泉 著
A5・144頁
定価1680円（本体1600円）
ISBN4-276-12263-5

平田紀子 著
B5・104頁
定価1890円（本体1800円）
ISBN978-4-276-12231-4

平田紀子の ちょっと嬉しい伴奏が弾きたい

「伴奏」の達人、「伴奏」を語る！　音楽療法における伴奏の特徴とは？　移調やコードの基本的な事柄から、いろいろなリズムパターンの弾き方、歌う人が気分よく歌える創意工夫を解説。

音楽療法雑誌　the ミュージックセラピー

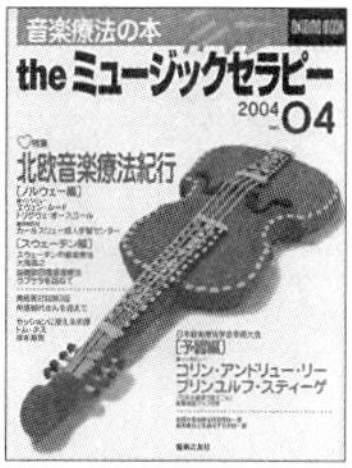

ONTOMO MOOK
theミュージックセラピー
vol.04
2004年7月発売
定価1500円＋税

［特集］
北欧音楽療法紀行
ノルウェー編
スウェーデン編
［特集2］
学術大会ガイド
コリン・アンドリュー・リー
ブリンユルフ・スティーゲ

ONTOMO MOOK
theミュージックセラピー
vol.05
2004年11月発売
定価1500円＋税

［音楽療法最前線］
・愛知県／希全センター
・群馬県立しろがね学園
［特集］
「音楽と脳」

ONTOMO MOOK
theミュージックセラピー
vol.06
2005年3月発売
定価1500円＋税

［音楽療法最前線］
埼玉療育園
発達障害への音楽療法
小児神経科医の視点から
［特集］
セッション導入のヒント集

ONTOMO MOOK
theミュージックセラピー
vol.07
2005年6月発売
定価1500円＋税

［特集］
「愛の歌」を歌おう
［青拓美対談］
柳田邦男氏を迎えて
「生きる命を取り戻す音楽力」

ONTOMO MOOK
theミュージックセラピー
vol.08
2005年11月発売
定価1500円＋税

［音楽療法最前線］
岐阜発／脳リハビリと音楽療法
［楽器・読者モニター］
一五一会　奏法&楽譜
［青拓美対談］
舘野　泉さん
左手の音楽をつむぐ

ONTOMO MOOK
theミュージックセラピー
vol.09
2006年6月発売
定価1500円＋税

［特集］
音楽は刺激ダ！
音楽の脳への刺激について
研究と実践のレポート
［音楽療法最前線］
大阪／坂本病院
［青拓美対談］
作曲家　三木たかしさん

ONTOMO MOOK
theミュージックセラピー
vol.10
2006年10月発売
定価1500円＋税

［特集］
音楽療法で使う楽器
［青拓美対談］
歌手　一青　窈さん
［音楽療法最前線］
ジュリエット・アルバン
女史が訪ねた青梅学園
「生活の中の音楽」

ONTOMO MOOK
theミュージックセラピー
vol.11
2007年6月発売
定価1400円＋税

［特集］
音楽療法って何ですか?
お役立ち実践ネタ帳
［青拓美対談］
作家　新井　満さん
［インタビュー］
小西行郎先生
［巻末］
音楽療法・模擬試験

本誌の購読について

ONTOMO MOOK「the ミュージックセラピー」は、全国の書店、楽器店でお求めいただけます。

当社ホームページからもお求めいただけます（http://www.ongakunotomo.co.jp）。バックナンバー、年間購読のお問い合わせは当社営業部　TEL.03-3235-2151、FAX.03-3235-2148へお願いします。

音楽療法の仕事がしたい!
音楽療法・レッスン・授業のための
セッション ネタ帳
職人たちのおくりもの

2005年10月10日　第1刷発行
2007年12月31日　第4刷発行

編　者　the ミュージックセラピー編集部
発行者　堀内久美雄
発行所　株式会社　音楽之友社
〒162-8716
東京都新宿区神楽坂6-30
03-3235-2111(代)
振　替　00170-4-196250
http://www.ongakunotomo.co.jp
装　幀　色えんぴつ(光本淳)
印刷所　太陽印刷工業株式会社
製本所　有限会社誠幸堂

落丁本、乱丁本はお取替えいたします。

ISBN978-4-276-12210-9 C1073